1

Contenido

Agradecimientos

Las personas que me conocen saben que mi núcleo familiar es muy pequeño. Siempre le estaré eternamente agradecida a mi esposo Gilbert por seguirme en mis inventos. A mis hijos Michelle y David, por darme ideas todo el tiempo y por inspirarme a hacer estos proyectos. A mis padres por haberme enseñado el concepto de "side hustle" desde que era pequeña.

Introducción

Cuando el salario no te alcanza tienes dos soluciones. Una de ellas es eliminar gastos y la otra es aumentar tus ingresos. Es muy fácil decir que cortes gastos, otra es hacerlo. Las personas casi siempre nos ajustamos a un estilo de vida y no es fácil quitar gustos o restringirnos a no tener las comodidades que quieres. Por muchos años yo he sido muy ahorrativa. De hecho por eso empecé el blog, www.ahorrarmas.com. Pero cada vez me daba mas cuenta que al invertir hacia crecer mi dinero y no tenia que preocuparme por recostar gastos. Por eso empecé a buscar que otras fuentes de ingreso podía encontrar para que la balanza se incline a mi favor en las finanzas. Esta ultima es la que vamos a cubrir en este libro.

Imagínate que muchas de las fuentes de ingreso extra que menciono aquí no las he cubierto antes, para que tengas ganas de empezar hoy mismo. La verdad que hoy dia tienes acceso a hacer mas dinero que nunca desde tu casa. Con la habilidad del internet y las computadoras hemos logrado ampliar nuestros servicios y alcance. Te doy un ejemplo, cuando yo empecé a vender cosas por Facebook Marketplace y Offerup nunca imagine de todas las personas que me iban a seguir para ver qué es lo próximo que tengo a la venta. Mira abajo la foto he vendido sobre 200 articulos hasta ahora y con reseñas de 5 estrellas TODAS. Es increíble la cantidad de dinero que este negocio me ha generado. Sin el internet hubiera tenido que poner letreros en la calle, esperar al sábado o domingo para tener un "garage sale". Como ves, estos es una de tantas formas que se puede generar dinero en tu casa.

Lo mejor es que este dinero es extra, me ha servido para llevar a mi familia de crucero, a Paris y hasta la ¡!China de viaje!! Dejar de soñar y toma acción en tu vida. Empieza a ver todas las formas que puedes generar dinero extra haciendo cosas que te gustan y que ya sabes hacer.

No dejes para mañana lo puedes hacer HOY. Sigue leyendo y veras la cantidad de diferentes fuentes de ingreso que tienes a tu alcance.

TruYou Member

Marcelina

Joined Aug 2016 • Miami, FL

 (51)

Responds in a few minutes

Approximation to protect seller's privacy

power by o

95% reply rate

Verified for payments

Confirmed phone

Confirmed Facebook

Confirmed email

Positive reviews

Based on: **200+** Sales **2** Purchases

On time Reliable Item as described

Friendly Communicative

COMO GANAR DINERO EXTRA

Diferentes formas de ganar dinero extra y ser un individuo exitoso en múltiples oficios

El ahorro es una acción que tiene múltiples opiniones, beneficios y maneras de hacerlo, y también es un objetivo que muchas persona se plantean al tener en cuenta sus intereses o aspiraciones que solo pueden alcanzar a medio plazo, tomando en consideración muchos factores. La clave del éxito se centra en la disciplina, el dinamismo y el progreso continuo, y en la economía, no es tan distinto.

Sin embargo, ahorrar dinero no siempre es una opción que cumpla su cometido final. Algunos piensan guardar fondos con el fin de obtener un bien o un servicio que siempre han deseado, también realizar viajes, compras específicas, educación o simplemente para ocasiones especiales, pero la mayoría de los ahorros se ven invertidos en emergencias.

Por ello, es de tener en cuenta que el ahorro es una herramienta bastante poderosa cuando se utiliza como un medio de inversión. Crear flujos de dinero permite que se logren cualquier tipo de metas financieras, por muy lejanas que parezcan. Es mucho más valioso que aquellos porcentajes o porciones de mesadas obtenidas en el trabajo, ya que aunque lo hayas gastado, seguirá existiendo incluso cuando no tengas nada de crédito en el presupuesto.

¿Cómo ahorras generalmente? La respuesta, por lo general es limitando las ganancias hasta un cierto punto. En las emergencias se suelen gastar los ahorros, provocando que ese progreso se reduzca al inicio nuevamente, y si algo más ocurre, es probable que termines debiendo dinero. Es un círculo vicioso del que es difícil de salir, hasta que encuentras un método de ahorro realmente eficaz.

La clave del ahorro hace que se rompa dicho círculo vicioso, una vez se cuenta con un ingreso adicional. Esto eliminará obstáculos financieros de una vez por todas, y mientras más ingresos existan, mucho mejor, ya que en un corto periodo de tiempo lograrás la libertad financiera que tanto has estado esperando.

Las ventajas de obtener más ingresos

Todos pensamos que el trabajo es la única manera de ganar dinero, y que mientras más empeño le pongamos a nuestra jornada laboral, mayores serán los beneficios. Esta idea también es concebida cuando estudiamos, nos preparamos y nos formamos continuamente buscando un empleo que tenga una buena paga, ya que nuestro conocimiento podría tener un valor alto, y mientras más especializado sea, las ofertas aumentan su valor.

Sin embargo, el trabajo no es la única forma de ganar dinero, y es un hecho que con el paso del tiempo cada vez más personas han empezado a notar. Existen muchos modos de ganar dinero extra, incluso algunos en los que puedes ser tu propio jefe, y no debes invertir tiempo y esfuerzo para esperar una recompensa por parte de los empleadores. No hace falta contar con un presupuesto previo, ya que se trata de emprender y crecer hasta la cima del éxito.

¡Solo piénsalo! Increméntale a tu salario neto una cantidad específica o deseada de dinero. Imagina la gran diferencia que sería en tu cotidianidad y como podrías mejorar tu calidad de vida con un poco de dinero extra, el cual dependería únicamente de tu esfuerzo, sin darle tanta importancia al tiempo o a las jornadas laborales. Una pequeña porción adicional te animará a aumentar las fuentes de ingreso en tu economía, y no hay duda alguna.

Libertad financiera al ganar dinero extra

Dentro de todas las ventajas de **ganar dinero extra**, una de las más importantes es que lograrás construir libertad financiera sin precedentes. Esto quiere decir que serás capaz de ganar dinero sin necesidad de invertirle tu tiempo a alguien, ni un horario o contrato laboral, lo que lo hace bastante efectivo y considerable, siendo muy tentador.

Con la libertad financiera no debes preocuparte si vas a trabajar o no, ya que no deberás preocuparte por el dinero para pagar tus necesidades básicas o emergencias, puesto que siempre se encontrará al alcance de tus manos. Tampoco tendrás que esperar por fechas de pago o que otros realicen transacciones que contengan tus fondos, ya que podrás administrarte de la forma que quieres sin problemas.

Maneja un flujo constante de fondos

En la economía de cualquier individuo, la fuente de ingresos es su empleo, y nada más que eso. Pensar en quedarse sin trabajo es un dolor de cabeza y una preocupación bastante complicada, por lo que considerar un respaldo a dicha desafortunada situación es lo más prudente en todos los casos.

Los movimientos de fondos cuando se tienen diferentes entradas de fondos constantes es bastante efectivo, ya que podrás manejar tu presupuesto en lapsos cortos de tiempo, sin tener que esperar una notificación que avise el pago consolidado, el cual un porcentaje va destinado a las cuentas, las cosas del hogar, y mucho más. Otra ventaja es que a medida que se obtienen ingresos podrás invertirlos en responsabilidades financieras, dejándote a ti un poco de libertad al gastar.

Básicamente el flujo constante de dinero se puede comparar con diferentes salarios, algunos con mayores dimensiones que otros, pero todos en su totalidad aumentan la riqueza y el poder adquisitivo de cualquier individuo. Es una oportunidad única que no debes dejar perder.

Control de ingresos mensual

Las limitaciones son abundantes cuando se trata de un ingreso único y por contrato, lo que hace que debas manejarte precavidamente en todos los aspectos de tu presupuesto, volviendo fundamental conocer tus necesidades primordiales, y aquellos elementos que puedes posponer o pagar en cuota. Los aumentos de salario son poco perceptibles, ya que se determinan por muchos factores que no se controlan con facilidad, lo que mantiene inamovible la cantidad de dinero que se recibe luego de invertir tiempo y esfuerzo a una empresa o jefe.

Sin embargo, una vez hayas iniciado a ganar dinero extra, podrás establecer la cantidad de dinero a ganar una vez establezcas todas tus fuentes de ingreso. Todos los diferentes ingresos pueden producir, reinvertirse y aumentar las ganancias, logrando una pequeña fortuna sin trabajar demasiado y acorde a tus estándares de necesidades y costos reales.

¿Cómo empezar? Solo preparara una cantidad que esperes recibir en un plan de acción y crea toda clase de fuentes. Algunas pueden ser de forma personal, y otras a través de internet. Hoy en día la tecnología y sus avances maximiza cualquier oportunidad, y da espacio a que se creen otras novedosas formas de ganar dinero extra, en la comodidad del hogar y sin mucho esfuerzo.

Pagos puntuales ¡no más deudas!

Cuando planeas adecuadamente tus ingresos, la facilidad de pago aparece en solo cuestión de tiempo. Podrás usar fondos en efectivo provenientes de todas tus ganancias, sin preocuparte por devoluciones con intereses, créditos bancarios u otros factores. Nadie quiere vivir con deudas, y la tranquilidad que se obtiene de este modo es incomparable

Un factor bastante relevante en estos casos es la seguridad que las diferentes fuentes de dinero extra te ofrecen. Todos estos te garantizan la capacidad de comprar, mantener a tu núcleo familiar y vivir sin preocupaciones incluso sin empleo. Podrás contar con fondos en las mejores y las peores circunstancias, aspecto que no ocurre en un trabajo promedio.

Decide tu futuro con el dinero extra

Un gran número de personas está deseoso de llegar a cierta edad para solicitar una jubilación, ganando así dinero sin trabajar. Cuando cuentas con otros ingresos no debes esperar por ello, ya que podrás salir del campo laboral cuando quieras. Los el presupuesto extra podrá mantener las necesidades básicas, lujos y demás, por lo que construir tu pequeña fortuna es un excelente modo de vivir.

Solamente deberás conocer tus números (gastos vs gustos) y listo, podrás mantenerte por mucho tiempo sin necesidad de preocuparte o llenarte de estrés al pensar en un trabajo, jubilaciones o ahorros financieros. Los múltiples ingresos son una maravilla y debes optar por ellos en seguida.

Cumple lo que quieres realizar sin problemas

La búsqueda del éxito, en muchas ocasiones, ha obligado a las personas a dejar sus aspiraciones, sus deseos e incluso sus carreras favoritas con el fin de tener una calidad de vida estable, o porque se encontraban obligados. La búsqueda del dinero y un estatus ha provocado esta situación, de la cual puedes salir si tú lo deseas.

Cuando diversificas tus ingresos con dinero extra, podrás realizar lo que quieras. Tendrás la oportunidad de cubrir tus gastos, estudiar una carrera que te parezca interesante, y ser un individuo integral y que cumple sus sueños. Es una maravilla controlar el dinero propio, seguir tus pasiones sin perder tu estabilidad, es una ventaja que no tiene precio.

Tomando todo esto en cuenta, seguramente tendrás ganas de empezar a generar dinero extra, pero no tienes claro la forma de realizarlo. Es de mencionar que aquí conocerás algunas estrategias o ideas generales de emprendimientos y maneras de iniciar, aunque todo dependerá de tus intereses, gustos y capacidades de ejecutar, además de la disciplina y la constancia que se le brinde al oficio.

Probablemente tengas un concepto propio y único en tu imaginación y será el que te lleve al éxito, y lo único que necesitas es ¡aplicarlo! **Como ganar dinero extra** es muy sencillo. Solo depende de las ganas que inviertas, y perder el miedo a la incertidumbre de los resultados, ya que el fracaso podría darte un cambio de planes que te conduzca hacia el éxito y la libertad financiera.

Lo que debes realizar para iniciar a ganar dinero extra

Una base fundamental de cómo ganar dinero extra se centra en la investigación. Asegúrate de observar ideas que son poco conocidas, y aquellas que son bastante populares, ya que te darán un panorama de oportunidades. Así abrirás tu mente a nuevas opciones, al igual que te permitirá medir tu capacidad y habilidades al momento de elegir un ingreso adicional que iniciarás.

¿Dónde iniciar la búsqueda? Los periódicos, internet e incluso las redes sociales son un medio de información masivo que te hará saber cómo los demás ganan dinero extra. Busca opciones que te llamen el interés y te resulten prácticos o sencillos de realizar. Una vez establecida algunas ideas establece una planificación y distribúyela mensualmente.

Todos los meses es necesario que tengas pensado un objetivo, y acciones semanales que permitirán que los cumplas a cabalidad. Esto te permitirá saber todo lo que debes realizar de forma cotidiana, lo que te hará así tener una razón por la cual levantarte a innovar y formar ingresos extras que seguramente cambiará tu vida.

Después solo deberás trabajar diariamente, recibir y reinvertir los ingresos con el fin de que el flujo constante siga y todas las ventajas mencionadas empiecen a ser aprovechadas por ti. Existen cientos de ideas por aplicar, y si no conoces algunas, aquí te mencionaremos algunas bastante populares.

LAS IDEAS MÁS INTERESANTES Y ATRACTIVAS DE COMO GANAR DINERO EXTRA

¿Tienes cámara profesional? Trabaja tomando buenas fotos para múltiples campos y conoce todos los pasos para ganar dinero con ello

Si eres amante de las cámaras, los elementos visuales, el paisajismo y compartir tu visión del mundo, la fotografía puede ser un modo muy interesante de ganar dinero extra. En este caso, cualquiera podría volverse un profesional, ya que además de obtener ingresos adicionales, lograrás que la gente aprecie y considere tu trabajo, de un modo tal que te contratarán una vez observen tu portafolio. Ser reconocido por tus habilidades es excelente, y es un sentimiento que no tiene precio.

Sin embargo, todo el éxito siempre tiene un inicio, y es en esta etapa en la que no muchos logran prosperar. El camino hacia el profesionalismo no es bastante claro y lo sabemos, por lo que explicaremos de forma explícita todo lo que se debe realizar para ser un exitoso fotógrafo y obtener así ingresos adicionales, siendo esto último la finalidad. Hoy en día son un oficio muy bien pagado y del que puedes confiarte una vez creas una base de clientes.

¿Por qué cualquiera puede ser profesional como fotógrafo? Por el grado de importancia que le entrega a sus productos y composiciones. La ética y responsabilidad que se transmite a las personas y trabajos realizados hace que se fomente el respeto y el reconocimiento por el trabajo hecho, siendo así más un modo de vida que una manera de ganar dinero adicional, aunque sigue siendo el objetivo principal.

Gana dinero con tu cámara de esta manera

En este caso, podemos nombrar una gran cantidad de elementos y oportunidades de obtener ingresos adicionales a través de la cámara, siendo así casi infinita la posibilidad de obtener ingresos a través de tu cámara. Es probable que nombremos algunas y muchas otras ya se te hayan ocurrido, por lo que el ensayo y error es una acción bastante beneficiosa.

¿Qué se necesita en todos los casos? Pasión, dedicación y creatividad. Se entiende que la necesidad de ganar dinero a veces es desesperante y obliga a realizar toda clase de oficios, pero la fotografía tiene una gran cantidad de elementos que incluso las emociones se pueden capturar a través de una pantalla. Ama lo que haces y verás que los resultados se verán en cuestión de tiempo.

Para iniciar en la fotografía y empezar a obtener ganancias, es necesario crear un espacio personal en el que puedas plasmar tu trabajo y tus ideas. Este tipo de trabajos se centra en lo que has realizado como profesional y a tus habilidades.

¿Cómo inicias tu propio espacio de fotografía? Es muy sencillo. Puedes colocar las fotos que consideres atractivas y llenas de detalles visuales y podrían atraer nuevos clientes en el portal, con la espera de que alguien quiera comprarla o descargarla. Es un modo pasivo de generar ingresos mensuales, ya que una vez colocadas en internet, solo debes estar a la espera de beneficios e incorporar nuevos productos.

Esto es denominado en la fotografía como un portafolio. Muchas personas se guían de este en internet, por lo que los medios digitales son el objetivo para publicitarte. La compra de fotografías o la solicitud de tu visita a un evento de importancia, son las acciones principales una vez observan tus productos. Los consumidores comparan alternativas, y debes asegurarte de ser la mejor calificada.

Después de todo, internet es un gran aliado y un sitio de referencia cuando se trata de contrataciones y compras, por lo que puedes usar dichos factores a tu favor. Siempre intenta ser respetuoso, cordial y proactivo con los comentarios y reacciones, ya que podrías crear renombre y recomendaciones de tu trabajo a otros, acelerando el proceso de ganar dinero extra.

La creación de un portafolio no es para nada complicado. Solo debes centrarte en tus mejores obras, y recolectarlas de la forma que te resulte más conveniente. Verás que tendrás múltiples maneras de hacerlo según tu percepción, y así los clientes podrán observar toda faceta de tu trabajo sin problema.

Un elemento bastante interesante de ganar dinero extra es que tiene un múltiple campo de acción. Podrás tomar fotografías de deportes, productos, de modo publicitario, para eventos sociales y mucho más, y siempre tendrás la oportunidad de seguir ampliando tu repertorio. Todo esto con una muestra de trabajos disponibles en línea, hará que los clientes aprecien tu valor y aprovechen a contactarte, y seas los ojos de los eventos más importantes.

Conoce proyectos e ideas interesantes que te harán saber cómo ganar dinero extra con la fotografía

No solo tomar fotografías de forma personal es una manera de ganar dinero extra. También es posible que vendas fotos por internet a través de plataformas que se especializan en dicha acción. Son muy populares estos sitios en línea, y se denominan "micro stock".

Los micro stock, son unas plataformas a las que acceden millones de profesionales a subir sus fotografías y ofrecerlas a la venta libre en la Red. Todas las imágenes vendidas pueden darte de 1 a 5 dólares, y es bastante rentable una vez eres popular en el portal. Al inicio es necesario tener paciencia, y es solo cuestión de tiempo obtener alguna remuneración por tu buen ojo y habilidad.

¿Cómo se logra tener buenos resultados en un micro stock? La respuesta se halla en la demanda de los tipos de fotografías e imágenes similares a las mismas. Esto hace que se tengan productos dinámicos que se adecúen a la vanguardia y así obtengas rápidamente dinero extra, el cual podrá ayudarte a mejorar tu estado financiero y la calidad de vida.

No es solo subir las imágenes al portal, pero tampoco es lo suficientemente imposible como para dejar de intentar. Si buscas vender de un modo rápido y buscar ganancias extra aseguradas, entre los consejos más importantes se encuentra:

1. Utiliza tus imágenes en diferentes portales que realicen la venta online de fotografías, lo que aumentará tu oportunidad de obtener ingresos extra.

2. Analiza todo el tipo de las ideas que puedes incorporar en tu próxima toma. También intenta averiguar el elemento de impacto que se encuentra en todas las fotos, haciendo en la próxima oportunidad un hincapié en los detalles que seguramente harán que tenga una obra de arte.

3. Aprovecha tu tiempo libre y cualquier oportunidad de realizar una imagen comercial. La empresa de marketing y el mundo de la publicidad siempre requiere de material audiovisual, y vender una foto ya tomada es mucho más fácil y rápido, obteniendo dinero extra enseguida.

4. Crea un portafolio de imágenes: crea una serie de fotos y trabaja en ellas de forma tal que se tengan múltiples variedades, que se adecúen a diferentes solicitudes de todo tipo de cliente. Mientras crece en calidad y cantidad, tus ingresos adicionales también, lo que es una oportunidad bastante entretenida y efectiva de crecer en la industria de la fotografía profesional.

En la fotografía profesional debes considerar ciertos aspectos para ganar dinero extra

- Sube todas las fotografías en formato JPG y en la máxima resolución que puedas generar. Este último factor hará que se pueda cobrar mucho más dinero por ellas, por lo que es bastante beneficioso. Es de mencionar que mantengas su tamaño original, evitando así arruinar la composición de un modo entorpecedor.

- Mantén al máximo la calidad de las imágenes, puesto que los portales en línea son exigentes en cuanto a dicho elemento. La capacidad técnica de las composiciones y el concepto que transmite son muy valiosos, aún más si se usan con fines ajenos al creador.

- Las imágenes que se encuentran a la venta deben contar con descripciones que permiten que estas aparezcan con mayor incidencia en las búsquedas de los buscadores. Palabras clave, descripción, tags y título generalmente son los elementos mencionados.

- Vender una fotografía no cede los derechos de autor de la misma, únicamente se concede el uso al comprador, y es fundamental resaltar este factor. Las plataformas en línea son intermediarios en este tipo de transacciones.

- Debes editar y borrar la aparición de cualquier logo, marca o diseño que se encuentre registrado. Esto facilitará la venta de la fotografía sin algún problema de cualquier tipo.

- Es necesario que tomes una repasada a las licencias, contratos y derechos de usos de fotografía, puesto que las cesiones de derecho de imagen son un elemento fundamental al mostrarse personas reconocibles. Dicha cláusula se anexa al contrato y se maneja de un modo delicado.

Gana dinero extra y efectivamente como un fotógrafo para empresas y negocios

Aunque los portales de venta en línea de fotos son bastante utilizados, existen algunos grupos que no usan dicha herramienta, tomando a las empresas como un ejemplo. Esto con el fin de evitar problemas de marketing como la repetición de imágenes por otras compañías o incluso la competencia de la franquicia.

Por ello los grupos empresariales que requieren de material fotográfico con el fin de usarlo en sus páginas web, avisos, catálogos, folletos y más se aseguran de contar con un fotógrafo professional que tome imágenes excepcionales. No solo de establecimiento sino el personal, equipos, ocasiones importantes y mucho más.

En cuanto a **cómo ganar dinero extra**, esta es una manera bastante práctica y dinámica, ya que las empresas buscan originalidad y resaltar entre todas las demás con unos archivos fotográficos hermosos. Algunos tipos de establecimientos requieren destacarse de un modo distinguido a través de imágenes, teniendo entre los clientes de tu servicio los siguientes grupos empresariales:

- Escuelas: son una oferta lucrativa para todo fotógrafo que busque ganar dinero extra, ya que es un trabajo amplio y de múltiplos planos. Se deben cubrir todos los eventos que realiza el alumnado, al igual que las fotos anuales que se toman los chicos una vez al año, con el fin de dárselas a sus padres o en documentos de identificación, además de las grupales luego de finalizar los estudios. Las cuentas en estos casos no son muy económicas, por lo que es una interesante manera de aumentar tus ingresos.

- Restaurantes: las imágenes en estos lugares son esenciales. La cartelería, los anuncios e incluso el menú requiere de fotografías, con el fin de mostrar sus platillos al mundo y a los comensales antes de que realicen su elección, es de mencionar que se debe apreciar como suculenta y atrayente, logrando así una buena afluencia de clientes.

- Construcciones: las empresas constructoras también requieren de fotografías profesionales que se encargan de retratar el trabajo realizado, y la promoción del mismo. Documenta los avances de obras o un antes y después, lo que permite así ganar dinero extra, y experiencia en la fotografía de interiores.

- Eventos corporativos: las empresas, exposiciones, ferias, conferencias y muchos más tipos de reuniones contratan un fotógrafo que retrate cada una de las facetas de la velada. Para ello es recomendable conocer las expectativas del material y toda y composición, con el fin de satisfacer gustos y necesidades efectivamente.

- Empresas: usa fotografías para mejorar redes sociales y plataformas del grupo y también con el fin de destacar a los empleados. El dinero extra en estas oportunidades es bastante lucrativo, por lo que se debe practicar con los retratos si se busca una buena paga.

- Diseñador: las mejores fotografías en estos casos son fundamentales ya que tienen mucho que decir sobre el trabajo final del creador de los productos. Asociarse con diseñadores es una posibilidad, siempre y cuando se tenga experiencia y trayectoria, al igual que confianza. El éxito en este caso es tomar en cuenta los requerimientos y las necesidades de una manera detallada.

Posicionarse en la mente de los consumidores te permitirá contar con organizaciones y empresas que busquen siempre de tus servicios, lo cual es una excelente noticia. Hará que cuentes con un dinero extra bastante tentador, siempre y cuando se mantenga el sentimiento de responsabilidad y dedicación, logrando así una mejora de calidad de vida, con el tiempo.

Eventos sociales para ganar dinero extra como fotógrafo

La experiencia trae consigo el renombre, por lo que se deben aprovechar todos los espacios y eventualidades que requieran de habilidades y conocimientos de fotografía. No son fáciles de sobrellevar pero la cantidad de posibilidades que se encuentran en estos tipos de eventos son excepcionales, ya que la experiencia y las emociones son un motivante que hará el oficio increíble.

Este tipo de espacios son una increíble oportunidad de ganar dinero extra oportunamente. Aquí se tiene la potestad de vender unos paquetes de productos y servicios, además de la cobertura del evento y una promoción a ti mismo al encontrarte en un sitio público tan llenos de invitados.

Dentro de los espacios en el que podrás ser el fotógrafo de los eventos sociales, encontraremos los siguientes:

- Deportes como carreras y partidos. Aquí se cubren las actividades deportivas y de todo tipo de actividad extracurricular. Una vez finalice la sesión se debe enviar una foto de las copias a instituciones, padres o entrenadores, si se busca efectividad en este tipo de servicio es necesario lograr un teleobjetivo que logre entender primeros planos, y mucho más sobre el increíble poder de edición y calidad de cámara.

- Comuniones y bautismos: son ceremonias católicas que muchos se realizan, siendo un momento especial que todos quisieran recordar. Es una oportunidad excepcional para trabajar como fotógrafo y obtener dinero extra. Se pagan muy bien las imágenes captadas allí, y al hablar con los encargados de la iglesia podrás saber recomendaciones y trucos efectivos.
- Casamientos: las bodas son un modo bastante práctico de ingresar al mundo de la fotografía, y se considera la forma de ganar dinero extra más provechoso y mejor pagado entre todos los oficios. Es bastante lucrativa y requerirá de planear y captar situaciones inesperadas. Conoce a la perfección todo lo que ocurrirá en el espacio festivo y capta los mejores momentos con tu cámara.
- Aniversarios y cumpleaños: siendo ocasiones que ocurren todos los años, se debe tener en consideración las más importantes. Los dulces 15, el primer año, las bodas de plata y muchas otras festividades. Muchas parejas y padres buscan invertir dinero en un buen fotógrafo que vuelva los momentos inmortales. Adquiere experiencia y date a conocer entre los invitados si asistes a un evento así.

Obtén dinero extra promoviendo a modelos en desarrollo

En el amplio mundo de la fotografía, siempre podrás encontrarte con algunas chicas que son aspirantes a modelos, y buscan de cualquier modo iniciar su carrera hasta lograr ser exitosas. Todas necesitan crear un portafolio o una base para prosperar, y con tu cámara profesional podrás ayudarlas, además de ganar dinero extra.

Este método se centrara en crear un blog de fotografías profesionales, con el fin de que se dirijan a ti al momento de requerir fotos hechas con la visión de un experto. Explica tu experiencia profesional, tus trabajos más destacados y características del servicio, como lugares demandantes de sesiones, o adecúa tu domicilio para ello.

Adicional a ello debes cobrar por tu trabajo de un modo establecido y promueve ofertas personalizadas según las necesidades de la chica. El beneficio de ello es que cuando tu información de contacto y productos se encuentran en los portafolios, y tendrás incluso la oportunidad de ser referido por las modelos para nuevas oportunidades de usar tus habilidades.

Servicios relacionados a la fotografía que te harán ganar dinero extra

Además de ofrecer servicios como fotógrafo, puedes aumentar el dinero extra que ingresa a tu presupuesto con ciertos servicios. Entre estos:

1. Por un costo adicional puedes entregar copias impresas de las fotografías finales a los que soliciten tus servicios. Esto dará una sensación de profesionalismo a los clientes, además de múltiples referencias a otras personas que busquen un fotógrafo talentoso y responsable

2. Utiliza en las fotografías que lo requieran técnicas de retoque y un manejo de software que edite las imágenes y les dé un impacto visual impresionante. Esto puede tener un ingreso extra dependiendo de las necesidades del cliente.

3. Busca las localizaciones adecuadas para llevar a cabo producciones espectaculares y de grandes resultados.

4. Alquiler y puesta de elementos de iluminación en espacios necesarios.

Todo esto puede darte también dinero extra, y se pueden plantear como una oportunidad a largo plazo de reinvertir los ingresos e innovar con nuevos productos y equipos que mejoren la calidad de tus fotografías. La creatividad se verá potenciada y asimismo los precios.

Los presupuestos, el aspecto de mayor importancia en las fotografías

Una vez comiences a contar con trabajos de cliente, es necesario que te plantees presupuestos. Es probable que no se tenga una noción acerca de cómo prepararlos, pero lo cierto es que es bastante común y solo deberás tomar en cuenta tus ganancias y las inversiones a realizar. Otorga a los clientes las mejores fotografías, y gana dinero extra mientras te diviertes.

PASEA Y CUIDA A LAS MASCOTAS DE TUS VECINOS

Al querer obtener ingresos extras la mejor alternativa es pensar en que somos buenos o aquellas cosas que nos apasionan, en este sentido, los amantes de los animales, especialmente de perros, tendrán un sinfín de opciones. Sin embargo, actualmente la más popular y sencilla es pasear y cuidar las mascotas en tu urbanización o simplemente ofreciendo tus servicios con los vecinos que te rodean.

Siendo una actividad sencilla que simplemente requerirá algunas horas el día, el pasear y cuidar las mascotas de tus vecinos podrían darte ese ingreso extra que tanto necesitas. Dicha labor podría consistir en variados servicios dependiendo de lo que estés dispuestos a realizar y las necesidades de tu público.

Recuerda que el pasear y cuidar perros puede ser algo a lo que simplemente de diques luego de tu trabajo "formal" pero, progresivamente, dicha labor comenzara a darte tantos buenos resultados que no querrás abandonarla. Estos animales, siendo mayormente perros, son sumamente cariñosos y fieles compañeros, por lo que no tendrás problemas de encariñarte con ellos y así, tu desempeño será mucho más sencillo.

En un vecindario promedio es común que existan aproximadamente unas 20 mascotas, lo cual sería una excelente cifra para comenzar con tu negocio. Dar a conocer tus servicios es algo muy sencillo y que traerá beneficios de forma inmediata. De igual manera, es posible que existan vecinos o simplemente clientes que desean un cuidado especial para su compañero, mayormente es acompañamiento durante días específicos y es excelentemente pagado.

Estos ingresos extras traen muchos beneficios como ya hemos mencionado, pero también requieren dedicación y esfuerzo por parte de quien los realice. Tener bajo tu responsabilidad un número de animales es algo que solicita conocimientos, vacunas y por supuesto, amor por ellos. Con esas características esta labor será sumamente sencilla de ejecutar.

Entendiendo algunos enfoques que puede tener el pasear y cuidar las mascotas de tus vecinos, es necesario que tengas conocimientos sobre cómo obtener nuevos clientes y, de esta manera, poder expandir tus ingresos extras. Nombraremos algunas técnicas básicas que podrían darte grandes resultados, tanto en cada labor diaria como en tu flujo de ingreso semanal o mensual.

- Conoce a tu público: como mencionamos antes, es posible que algunos clientes no busquen alguien que saque a caminar a su mascota, sino por todo lo contrario, se quede con él en casa y se encargue de sus necesidades. Aunque parezca innecesario, es fundamental que conozcas a tus clientes y no solamente a sus animales.
- Servicios: pasear mascotas es algo que cualquiera puede realizar, pero si deseas expandir tus ingresos extras y mejorar en cuanto a la confianza y calidad de tu negocio, podrías optar por más acciones. Por

ejemplo, baños completos, cuidados de 24 horas o incluso más días, entre muchos otros.

- Presentación personal: contar con las vacunas necesarias, algunos conocimientos básicos sobre los animales que vas a tener a tu cargo es algo que siempre es bien visto. Pero también, tu imagen personal representara un rol vital al conocer a tus clientes potenciales.

- Conoce tu competencia: tener presente los servicios que ofrecen los demás individuos que se dedican a esta labor es algo que te servirá para poder mejorar con el tiempo. Además, comparar tarifas y horarios seguramente te proporcionara ingresos mayores.

Con lo que hemos mencionado, podrás conocer algunos consejos que te ayudaran a iniciar en esta labor. Es vital que sepas que durante dicha etapa es el momento más complicado y donde la mayoría de los emprendedores fracasan, debido a la falta de conocimiento o asesoría sin ingresos extras se ven afectados y deciden renunciar.

Un modo de ganar dinero bastante efectivo es dando el hogar y el entorno del mismo la capacidad de poder pasear a las mascotas de los vecinos en las mañanas y en las noches. Aquí sabrás más acerca de este tipo de ingreso y como podrás aprovecharlo al máximo y ser destacado en los resultados ¡obtén ingresos extras mientras cuidas a hermosos animales!

En este caso, sabrás un poco acerca de cómo podrás ganar dinero extra siendo un amante de los animales, mientras sus dueños se encuentran ausentes el hogar. El cuidado de las mascotas fácilmente puede volverse en un negocio que te brinde ingresos adicionales, y se divide en diferentes opciones según las tareas a realizar y las funciones que se esperan satisfacer.

Para crear un espacio de cuidado de mascotas y obtener dinero extra, es de vital importancia que se toman en cuenta ciertas características, teniendo entre estas el domicilio y sus dimensiones. No requiere de una experiencia previa, ya que a medida que se tienen animales al cuidado, se aprende más sobre ellos y se obtiene un nivel de sensibilidad que cualquiera quisiera que le dieran a sus caninos o felinos.

Es un emprendimiento que ha cambiado los estándares de los ingresos adicionales, teniendo ingresos variables y fijos según sus necesidades particulares. Esto hace que se cumplan los estándares mencionados al inicio y lo vuelven una oportunidad muy interesante de ganar dinero en la comodidad del hogar y sin necesidad de gastar tiempo en alguien más. Es una alternativa de autoempleo, que ha valido la pena hasta el momento.

Asimismo, el hospedaje y cuidado de las mascotas permite profesionalizarse y sacar un buen provecho económico de todas las prácticas que se realizan. Este es un dinero extra bastante interesante y del que muy pocos han incursionado, lo que es una oportunidad para intentarlo y observar los beneficios.

¿Cómo es posible realizar los cuidados de mascotas en el hogar y tener éxito? Aquí conocerás algunas acciones que debes cumplir previamente. Verás cómo en solo días o semanas, tendrás una gran cantidad de mascotas esperando a ser atendidos por ti en tu domicilio.

Aspectos básicos que los cuidadores de mascotas deben cumplir para ser los mejores

Si deseas obtener dinero extra de manera efectiva, es necesario contar con algunos criterios y acciones por ejecutar al momento de emplear los cuidados. Uno de estos es la promoción de la idea de un modo local, y para ello se deben repartir volantes en locales de la comunidad y zonas destinadas a caninos. Así darás a conocerte y podrás vender tus servicios a los que lo necesiten.

Asimismo, crear un portal en línea que te describa como un servicio de cuidador de animales en casa. Este tipio de sitios te hará visible en Internet y redes sociales, con esta herramienta otros propietarios de mascotas que no te conocen podrán saber de tus servicios, e incluso podrías ser una cuidadora de perros o gatos que tienen su dueño realizando un viaje en otra ciudad u otras diligencias.

¿Qué es lo más relevante en este caso para los dueños? Conocer al cuidador y todo sobre él. La experiencia cuidando animales y su perfil, por lo que es necesario colocar en el portal un espacio en el cual te presentarás y darás toda la información conveniente al caso. Incluso fotografías con otras mascotas será una gran herramienta en la que te darás a conocer.

Las formas de contacto también son vitales, incluyendo también los servicios y las tarifas por las cuales se debe pagar para recibir tus servicios. Es un modo de **ganar dinero extra** realmente efectivo y no tiene ninguna complicación, al ser los animales tan tiernos y agradables de tener.

Además de un portal en línea propio, es posible que crees un perfil en otras plataformas que se centran a este tipo de servicios. Es un poco complicado lograr clientes sin el apoyo de profesionales o compañeros, por lo que iniciarse en otras redes hará que seas encontrado cuando requieran tus servicios. Aumenta tu visibilidad y multiplica posibilidades de ser contratado y ganar ingresos al cuidar otros animales.

Es esencial conseguir que los propietarios de las mascotas conozcan el hogar en el que permanecerán mientras estos no se encuentran cerca. Se debe resaltar que el trato es atento y completamente personalizado, como si se tratara de una mascota propia.

Es normal que las mascotas tiendan a extrañar a sus dueños y mostrar cierta tristeza al poco tiempo, pero al compartir con otros animales y vivir experiencias de educación hará que se sienta agradable y muy emocionado por verlo de nuevo. Hacerlos sentir como si fuera su hogar es la finalidad.

Paralelamente, es necesario establecer un medio de contacto en el que los propietarios y el cuidador puedan mantenerse escribiéndose, y hacerse saber cualquier novedad o inconveniente. Notificar que están a gusto y reciben cuidados apropiados es de gran alivio.

Para mayor tranquilidad, el cuidador en lapsos periódicos podría mandar fotos de la mascota, mensajes diarios con información del animal o por cualquier otro medio de mensajería. Son considerados recursos que brindan confianza y tranquilidad a los propietarios, y así se mantienen fieles al servicio y te garantizarán un dinero extra que realmente valió la pena.

La información detallada y frecuente de la mascota hará que todos estén tranquilos y felices. Se recomienda que sea 1 vez al día o con 3 fotos diarias, con el fin de no entorpecer la jornada del dueño si se encuentra ocupado.

El precio por los cuidados de las mascotas en el hogar y su estimación

Este es uno de los aspectos más importantes cuando se trata de toma de decisiones. Las tarifas son decididas propiamente por el cuidador, y sus costos incluyen la estancia en el hogar, paseos diarios y cualquier otro cuidado que sea preciso o indicado por el propietario.

La educación canina y conocimientos respecto a ella son una excelente herramienta que permite obtener éxito y lograr una mayor cantidad de clientes a los que hospedarse. Justifica el aumento de la tarifa de forma específica, y así se podrá notar el valor de los cuidados ofertados.

¿Cantidad de animales en casa? Depende del cuidador y su experiencia. Algunos pueden mantener un par y otros algunos más, por lo que tomar en cuenta la demanda de los servicios y la disponibilidad del mismo podría permitirte agendar a los propietarios y a sus mascotas. En cuanto a los paseos se recomienda un máximo de 4 canes, dependiendo de las razas y los caracteres dicha cifra.

¿Qué necesitas como cuidador para prosperar?

Podría pensar que cuidar a los animales es un oficio que cualquiera podría realizar, y es todo lo contrario. Algunas personas simplemente no cuentan con la capacidad o el nivel de paciencia y atención que se requiere, y eso no está mal. Todos los oficios tienen un individuo más adecuado que otros, por lo que es de considerar dichos factores que mencionaremos a continuación.

1. **Pasión:** un trabajo que se hace por gusto y afición siempre es bastante beneficioso y nunca genera cansancio o incomodidad. Por ello el disfrutar cada una de las actividades que se hacen con los animales es tan vital. Hará que las mascotas la pasen de lo mejor y que tú te centres en divertirte y que ellos también lo hagan, con un cuidado adecuado.

2. **Amor por los animales:** en este tipo de trabajo deberás darle toda clase de cuidados y tratarlos con el máximo cariño. Las mascotas muestran reacciones a como los tratan, lo que esto hará que sea una manera de que te evalúen los propietarios al recoger a su peludo amigo. Así podrás obtener dinero extra oportunamente y una nueva oportunidad de cuidar a otros clientes.

3. **Saber cómo actuar en caso de accidentes:** los animales además de ser increíbles acompañantes, también se vuelven una responsabilidad. Pueden pasar muchas cosas de un momento a otro, por lo que es necesario que sepas reaccionar en todos los casos con el fin de salvarle la vida incluso en los peores escenarios.

Sabiendo todo esto podrás determinar si ser cuidadora de animales es una forma de ganar dinero extra bastante creativa, divertida y llena de hermosos amigos que nunca olvidarás. Es una nueva manera de obtener ingresos, por lo que si tienes la oportunidad, deberías considerarla.

Como promocionar el cuidado de las mascotas en la Red

Obtener un amplio mercado de clientes es vital, y por ello necesitarás de tener múltiples ideas y estrategias en cuanto a las promociones de tus servicios. En este caso podemos encontrar:

- Grupos de servicios de mascotas en Facebook
- Facebook Marketplace
- Crear una cuenta comercial en redes sociales
- Crear un Blog
- Plataformas virtuales de servicios de mascotas

- Colaboraciones con empresas y tipos de productos que impulsen tu emprendimiento

De este modo verás todos los resultados y un incremento de tus ingresos, logrando así el éxito en todos los ámbitos del dinero extra. Podrás cuidar mascotas y elevar tu presupuesto de un modo progresivo, divertido y en tu propio domicilio.

OBTÉN DINERO EXTRA REALIZANDO RECADOS Y FAVORES

Los recados y los favores son bastante importantes y algunas personas no tienen el suficiente tiempo o motivación para realizar cualquier otro tipo de problemas. Cuando te encuentras en la búsqueda de oficios que te hagan ganar dinero extra ayudar a las labores de otros puede ser una gran ayuda a la colectividad, y te permitirá tener una fuente de ingreso oportuna y fija según las actividades a realizar.

Como hemos mencionado, muchas personas están dispuestas a pagarles a otras para poder pasar un tiempo libre alejado de responsabilidades y labores hogareñas. Esta es una oportunidad del mercado que no puedes dejar pasar, ya que cobrar por las tareas de otro es un modo de ganar dinero extra, incluso hasta divertido si se ve el lado positivo.

Un modo de obtener dinero extra con los recados y favores es a través de las personas de la comunidad. Colocarse a la orden de familiares, vecinos, amigos, conocidos y toda clase de personas con tus habilidades es un modo de empezar. Ofrecer tu ayuda a cambio hará que tengas el cariño de las personas, y eso aplica en cualquier tiempo y espacio.

Cualquier tipo de acciones son válidas, desde limpiar la basura hasta reparaciones de artículos o jardinería. Todo esto dará un dinero extra que seguramente te ayudará a cumplir tus aspiraciones y más. Existe también la posibilidad de rentar algunos electrodomésticos o artículos que no son usados por lo general en tu hogar, pero es probable que alguien lo requiera.

Asimismo, el préstamo de dinero puede incluirse en este caso. El dinero extra se obtiene a través de porcentajes de intereses, por lo que al contar con un porcentaje menor a entidades bancarias verás que muchos querrán apoyarse en ti, y tú tendrás beneficios financieros que podrás invertir como quieras.

Una manera de ganar dinero bastante popular desde hace muchos años es cuidar a los niños. Es una actividad bastante entretenida y gratificante ya que ayudas a que pequeños infantes se desarrollen y crezcan conforme el paso del tiempo, mientras obtienes un beneficio económico por ello.

Lo mismo ocurre con personas que cuidan a mayores y a discapacitados. Algunos pueden ser a través de la localidad o servicios parciales, completos o viviendo en su casa. Tiene un tiempo determinado o por términos de mutuo acuerdo, siendo así una manera de ganar dinero extra bastante oportuna.

Realizar los recados de otros es una manera eficaz de ganar dinero. Las compras de alguien, llevar paquetes a ciertas oficinas, buscar almuerzos o cualquier otra cosa, tienen una remuneración que los clientes aceptarán según tus términos. Siempre es necesario evaluar la dificultad y el tiempo a invertir, logrando así una relación empleador-cliente agradable.

También cocinar para otros es un modo eficaz de ganar dinero extra. Puede ser para una sola persona o realizar una base buena de clientes cada cierto tiempo, y podrás así practicar así tus habilidades de cocina y alimentar los corazones de los demás.

De igual manera, realizar asesoramiento a personas que no manejen un tema que tú sí a la perfección y formarlas acerca de él es un modo efectivo de ganar dinero. Se puede realizar cobros por horas o números de sesiones, lo que te da una planificación de ingresos programada y progresiva.

Una característica que se ha visto resaltada hoy en la actualidad es que ahora se debe saber **cómo ganar dinero extra** a través de plataformas colaborativas. Son aplicaciones que cuentan con una base de datos de clientes que muestran sus necesidades, y al mismo tiempo, personas que están dispuestas a hacerlas por ellos a cambio de una remuneración.

Existe la opción de personalizar tus habilidades, el precio que cobras y comentarios que otros piensen acerca de ti y tus servicios, por lo que es fundamental crear fama en las plataformas y ser el mejor en todo el vecindario. Verás que tus ingresos subirán como la espuma.

Favores y recados como una forma de negocio en Internet

Pensar que los favores y recados puede ser una forma de ingreso a largo plazo puede ser un mensaje motivador y de grandes aspiraciones, pero es necesario que se tenga un conocimiento acerca de cómo incorporarlo en las redes sociales y las plataformas virtuales. Para ello, es necesario elaborar un plan.

En primer lugar, es necesario ser específico, puesto que cuando se colocan ambigüedades en Internet, muchos no te toman en serio y otros harán peticiones que probablemente no puedas lograr (ya que si la publicación dice que **toda** acción es posible bajo tus manos). Por ello es necesario detallar objetivos y los recados que realizas sin dificultad.

De esta manera, podrías establecer relaciones en numerosas plataformas y espacios promocionales de ventas, logrando así un impacto positivo en tus ingresos. El dinero extra se encuentra a plena vista si sabes manejar las labores que realizas con el fin de obtenerlo.

Como ganar dinero extra con el marketing digital

Actualmente, una de las mejores formas de conseguir ingresos extras es optando por capacitarte y ofrecerte tus capacidades en todo lo relacionado con el marketing digital. Con los grandes avances en materia de tecnología y aplicaciones, básicamente cualquier empresa o incluso, los entes públicos, necesitan dichos servicios para poder acercarse a un público más amplio, responder dudas y asegurarse que sus productos, horarios, sucursales o demás datos de interés sean encontrados de forma rápida.

Conociendo esto, podrás entender que es una de las mejores formas de obtener un ingreso extra y, además, dependiendo de tus conocimientos y los servicios que ofrezcas podrías conseguir grandes sumas de dinero de forma semanal o mensual, todo dependerá de tu acuerdo con cada cliente. Dentro del mundo de marketing digital existen diversas opciones como lo son: creación de contenido, publicidad, planificación de publicaciones, entre muchos otros.

El marketing digital ha ido avanzado con el paso del tiempo y eso ha traído conseguido que la publicidad tradicional sea vista de forma obsoleta, por esto, si ofreces tus servicios en pequeñas empresas como lo son emisoras, negocios locales o incluso para tus amigos, serás capaz de ganar la experiencia suficiente y adentrarte con marcas reconocidas. Por supuesto, cada pequeña acción en el mundo tecnológico tiene un valor y eso lo podrás notar en tu cuenta bancaria.

Los jóvenes que desean adquirir ingresos extras optan por el marketing digital debido a la facilidad de aprender su funcionamiento, no queremos decir que sea una tarea cualquiera, pero si es fácil comprender las técnicas necesarias. Además, una de las mejores cosas de esta labor es que se pueden observar las estadísticas, medición de datos, conocer al pueblo de una manera sumamente certera y oportuna, lo cual era imposible en años anteriores con la publicidad tradicional.

Así mismo, en cada ciudad existe un sinfín de opciones en cuanto a capacitación referente al marketing digital, demostrando que cualquier individuo puede ser capaz de aprender lo necesario y adentrarse a conseguir un ingreso extra que le será de mucha ayuda. Es vital recalcar, como hemos mencionado, invertir en uno es la mejor forma de ahorrar y asegurar una sabía inversión.

Otro gran atractivo del mundo del marketing digital como forma de ingreso extra es que puedes aplicarlo desde cualquier sitio, simplemente necesitas un dispositivo móvil y serás capaz de realizar todas las tareas que tu cliente requiera. De igual manera, mientras más servicios puedas ofrecer, tus ingresos mejorarán notoriamente, algunos de ellos pueden ser saber editar fotografías, creación de flyers, combinación de colores, redacción y gramática o inclusive el simple hecho de cómo llegar al público.

Un ingreso extra puede conseguirse sabiendo las actividades básicas de esa labor y, no debes desconfiar de tus capacidades, ya que con tiempo y dedicación podrías tener a tu propio equipo dedicado a esta tarea y no deberás gastar tu esfuerzo en alguien más. Recuerda que el marketing digital es algo que se actualiza cada momento, por ello, es necesario ir aprendiendo con tu experiencia y todos los clientes que prefieran tus servicios.

Conoce las ventajas del marketing digital como una forma de ganar dinero extra

Además de lo que hemos mencionado, es vital conocer algunas de las increíbles ventajas del marketing digital y así, podrás estar seguro de seleccionar esta actividad para obtener un ingreso extra. Recordemos que todo lo relacionado a este mundo puede ser ejecutado desde cualquier lugar, serás capaz de atender clientes de países extranjeros o incluso irte de viaje y seguir ejecutando lo conectado con dicho trabajo sin tener que preocuparte, son los mayores atractivos que se pueden encontrar y sin duda alguna, merecen ser tomado en cuenta.

Ahora, como ya mencionamos, el marketing digital permite medir todas sus características en cualquier momento y además, en el 100% de los casos, algo que era imposible en canales de publicidad tradicional. De esta forma, podrás conocer los avances y mejoras que has tenido en cuento a tus servicios, debido a que al ser un ingreso extra, tener presente dichos datos te ayudará a encontrar más clientes y aumentar tu flujo monetario.

De igual manera, sus resultados se obtienen un tiempo real e incluso puedes interactuar con los usuarios. Entiendo de esta forma si el contenido de la marca o producto que manejas es el adecuado.

Otra gran ventaja del marketing digital es ser más económica que la publicidad tradicional y es allí donde tú tienes una forma de despegar en cuanto a tus servicios con las pequeñas empresas. Conociendo a tu competencia y evaluando sus tarifas, podrías ofrecer mejores precios y un trabajo de calidad, sin regalar tu esfuerzo por supuesto.

Pero, de esa manera, lograras obtener el ingreso extra que tanto necesitas y tendrás un adecuado número de clientes debido a que te darás a conocer muy rápido. El marketing digital es algo que se transmite muy velozmente, tu trabajo será igual a una fotografía o audio.

También, en el mundo del marketing digital podrás crear una comunidad dependiendo del producto o servicio que manejes e inclusive, esto te funcionará para establecer contacto en otro ámbito que llame tu atención. Algo grandioso de esta labor es que desde tu casa podrías conocer a individuos relevantes de alguna empresa, un negocio de comida o demás, las opciones son infinitas.

Además, ofreciendo tus servicios dentro del marketing digital no tendrás que preocuparte por perder tu trabajo, siempre y cuando lo hagas bien y te enfoques en mejorar, ya que dicha labor será necesitada. Las empresas, así sean pequeñas, necesitarán darse a conocer y allí podrás obtener el ingreso extra que deseas.

Las ventajas del marketing digital como un ingreso extra pueden ser muchas más pero son conocidas con el paso del tiempo y los servicios que ofrezcas. Recuerda que puedes ir aprendiendo todo lo necesario mediante creces dentro del mismo.

Tomar fotografías, editarlas, combinar colores, redactar notas de interés o mantener las páginas activas serán una gran forma de obtener un ingreso extra. El marketing digital tiene muchas puertas, simplemente debes estar dispuesto a aprender y atrever a comenzar dentro de dicha tarea.

Áreas dentro del marketing digital

Conociendo algunas de las numerosas ventajas del marketing digital como forma de obtener ingresos extras, es indispensable que definas los servicios que planeas ofrecer dentro de dicho mundo. Recordemos que este es sumamente amplio y, para comenzar, es necesario que establezcas y evalúes cuáles son tus mejores habilidades y progresivamente ir creciendo.

Algo que te puede ayudar en dicha labor es capacitarte mediante cursos y talleres, combinándolos con tu experiencia podrás ser capaz de tomar clientes cada vez más grandes. Así mismo, siempre ten confianza a ti y con el tiempo, tus ingresos extras podrán ir en aumento.

La principal acción dentro de este mundo es el marketing de contenido, siendo algo sencillo para comenzar a explotar tus capacidades. Esto hace referencia a aquellas prácticas de creación de información pero teniendo un objetivo específico, como por ejemplo fidelizar a la clientela actual, encontrar prospectos, consultar sobre nuevos productos y servicios, entre muchos otros.

De igual manera, el marketing de contenido es una excelente forma de conseguir un ingreso extra debido a que muchas empresas lo buscan actualmente, tanto grandes como pequeñas. Ya que dicha actividad les permite comprender aquello que sus consumidores se encuentran buscando y pueden ofrecer resultados, productos o servicios mucho más certeros y acordes a su público especifico.

También, existen aquellos que tienen la duda de por qué realizar marketing de contenido, pero la respuesta es sumamente simple. Dicha práctica permitirá que sus redes sociales o página web se vea actualizada, en movimiento e interesada por la opinión de su cliente, siendo todos puntos a favor en las estadísticas de publicidad.

El marketing de contenido es una gran forma de comenzar en este ámbito. Además, los ingresos extras obtenido por dicha labor son considerados sumamente provechosos, siendo algo a tener en consideración.

Por otro lado, las pequeñas empresas o negocios en crecimiento necesitaran contar con un portal web, debido a que trae consigo muchísimas posibilidades como ventas en línea, darse a conocer o inclusive la expansión de diversas sucursales. Es por esto que dicha labor es una de las más buscadas dentro del marketing digital y es de los mejores ingresos extras que se pueden hallar.

Aunque se requieren tener vastos conocimientos de programación, también existen en línea numerosas plantillas para crear portales web, volviendo esta tarea mucho más sencilla y rápida. Un ingreso extra realizando esa labor te permitirá ahorrar en muy poco tiempo por eso que tanto deseas.

Actualmente, el diseño web es considerado como todo un conjunto de actividades, debido a que permite aglomerar todos los elementos gráficos necesarios y así, crear un portal web llamativo con suficientes toques visuales que definan la marca o empresa. De esa manera, se podrá identificar a la compañía y el reconocimiento irá en aumento.

Además, el diseño de un portal web permite que los clientes conozcan su horario, ubicación y puedan observar los productos o servicios. Aquellos que realizan esta labor obtienen grandes recompensas monetarias, debido a que es solicitado en casi toda empresa.

También, aquellos individuos que son capaces de diseñar un portal web tienen a obtener popularidad en muy corto tiempo, ya que esta labor permite satisfacer las necesidades de cualquier público y así, la empresa vera ganancias. Por el contrario, de lo que muchos piensa, dentro del marketing digital esto tiene gran relevancia, ya que si no es posible posicionar la web o el nombre de la marca, todo irá en picada.

Un portal web tienen numerosas ventajas, simplemente se deben ir conociendo mediante la creación del mismo. Esto te permitirá obtener grandes ingresos extras y expandir tu número de clientes de forma veloz.

En conjunto con lo que hemos mencionado, una de las labores más buscadas en el mundo del marketing digital es el posicionamiento SEO en motores de búsqueda. Esto hace referencia a lograr que tu página web, ya sea de una empresa o producto, se encuentre dentro de las primeras al parecer cuando se realice una consulta relacionada con ella.

Aunque suene una tarea sencilla, es algo que no todas las páginas pueden lograr y es allí donde se necesita alguien que se dedique a esa labor. Por ende, los ingresos extras obtenidos son sumamente buenos y te ayudaran a alcanzar tu meta en muy poco tiempo.

Algo que se debe destacar dentro del posicionamiento SEO, es que actualmente únicamente es logrado por aquellas páginas que realizan un proceso orgánico, esto quiere decir que no requieren de bots. Como se logra eso entonces es la interrogante de muchos, pero es sumamente sencillo y que simplemente requiere dedicación.

El individuo que se dedique a esa labor simplemente necesitara resaltar su contenido, utilizando palabras claves relacionadas con las buscas que beneficien a su portal y de esta manera, en conjunto con demás técnicas avanzadas, podrá conseguir un aumento en sus visitas. Según estudios, menos del 50% de usuarios buscan en la página 2 de los motores de búsqueda.

Una de las características que se toman en consideración para el posicionamiento SEO es su atractivo visual, rapidez de carga, utilización de palabras e interfaz general del portal. Dichos factores deben ser tomados en cuenta por el individuo que lleve a cabo la labor y, siendo tan específicos, los ingresos extras que puede obtener son considerados sumamente buenos.

Así mismo, cuando un individuo es bueno realizando los trabajos que hemos mencionado, podrá expandir su cantidad de clientes de forma muy veloz, por lo cual, sus ingresos extras irán en aumento. Recordemos que una de las mejores formas de obtener una libertad y seguridad económica es aumentar el flujo monetario.

En el mundo del marketing digital es sumamente sencillo adquirir conocimientos y experiencia, por eso, no deberías dejar tu trabajo "formal" y de igual forma seguirías obteniendo fabulosos ingresos extras con dichas prácticas. Pero, es vital que recuerdes capacitarte e ir aumentando y expandiendo tus servicios mediante te vayas sintiéndote cómodo con ellos, debido a que tener un número más alto de clientes también requiere mayor compromiso y responsabilidad.

Actividades de marketing digital que te hará ganar dinero extra

Continuando con las numerosas actividades que es posible realizar dentro del mundo del marketing digital, encontramos lo que es la analítica web. Como hemos mencionado, esta forma de publicidad permite estudiar distintas estadísticas al momento en que ocurre todo evento, por ejemplo, conocer la cantidad de individuo que han visto una publicación, que han entrado al portal web o incluso, han guardado y compartido el material de la empresa.

Todo lo que nombramos se encuentra dentro del ámbito de estudio de la analítica web, debido a que cada cierto tiempo, las empresas necesitan conocer cuánto aumento han tenido en relación con la publicidad digital. Siendo este uno de los trabajos más buscado, es un grandioso ingreso extra para cualquier individuo.

La analítica web busca los elementos que se pueden optimizar en un portal web y, de esa manera, el individuo encargado se enfoque en aquellos puntos que requieren mayor atención actualmente. Unas de las principales áreas es buscar cómo mejorar y aumentar el tiempo de estadía de cada cliente en la página, debido a que es así como se puede asegurar que adquirir el producto o servicio y también, comparta la información con su entorno.

Esta herramienta permite que los dueños de empresas tengan la posibilidad de aprender sobre los gustos y necesidades de su público objetivo, de esa forma, sus ganancias podrían aumentar ofreciendo lo deseado. Por eso, cuando un individuo se dedica a la utilización de la analítica web, tiene ingresos extras sumamente buenos.

Del mismo modo, utilizar la analítica web proporcionara un mayor porcentaje de competencia en cualquier compañía. Un individuo capacitado en el mejoramiento de los defectos y, que pueda aumentar las ganancias de la empresa, será alguien que expandirá su número de clientes en poco tiempo y por ende, sus ingresos extras aumentaran igual de rápido.

Así mismo, otra de las más benéficas actividades dentro del mundo del marketing digital es la auditoria web, debido a que por medio de ella se conocen las mejoras que se han tenido en cierto periodo de tiempo, anquen consiste en demás aspectos que pronto mencionaremos. Un individuo que esté involucrado en dicho proceso, podrá obtener ingresos extras muy ventajoso para lograr un ahorro.

Una auditoria web sirve para conocer algunos elementos como lo son la seguridad de un portal web, capacidad de eso, optimizaciones en cuanto al posicionamiento SEO, tiempo promedio de estadía de los clientes y por supuesto, las ventas que se hayan tenido por medio de él. Es de vital importancia realizar dicha labor, ya que no cualquier empresa lo ejecuta y por ende, el porcentaje de competitividad va en aumento.

Cualquier individuo que desee obtener grandiosos ingresos extras dentro del marketing digital debe enfocarse en aprender cómo realizar una auditoría web, ya que son extremadamente necesarias y muy bien pagadas cuando cumplen con ciertos estándares de efectividad. Además, son realizadas de manera periódica, por lo cual siempre se deberá estar atento a los elementos que ya hemos mencionado y la forma en que se optimizaran.

También, antes de sumergirte en el ámbito de las auditorias web debes conocer que existen diversos tipos de ellas, estudiando varios factores y elementos. Además, es indispensable recalcar que todo el mundo de los portales en línea está en constante avance, ya sea por mejoras en el aspecto visual, o códigos que deben mejorarse, entre muchos otros.

Si decides realizar esas tareas dentro del mundo el marketing digital podrás ir aprendiendo de ellas con el paso del tiempo. Recuerda, estas labores son muy bien pagadas y podrían ser el ingreso extra que tanto requieres para alcanzar tu objetivo.

Es factible definir el Webinar como un software que le permite a la empresa la creación de conferencias virtuales, en cualquiera de los medios, esto hace posible conversar de una manera abierta y también profesional. La instalación y utilización de dicho programa es muy buscada actualmente debido a sus beneficios.

Pero antes de que te asustes, no es algo complicado, ya que en internet es posible hallar estos programas Webinar sin ninguna complicación. Además, existen empresas que también buscan individuos que se encarguen de realizar la conferencia y, ambas acciones son muy bien pagas en el mundo del marketing digital.

Así mismo, los Webinar pueden ser utilizados con diversas finalidades, ya que dependen completamente de aquello que necesite la empresa en ese momento. Por ende, es algo que se encuentra en constante cambio y usted tendrá una gran cantidad de labor en corto tiempo, notando los beneficios en su cuenta bancaria.

Por otro, una de las muy solicitadas y mejores pagadas acciones dentro del marketing digital es la utilización del Webinar. Algo que muchas empresas, ya sean de producto so servicios, necesitan actualmente, ya que les permite obtener un número mayor de clientes y conocer lo que de verdad desean para ofertarlo.

Estas son algunas de las principales labores que es factible realizar dentro del mundo del marketing digital, sin embargo, es posible hallar muchas más, eso dependerá del tamaño y necesidades de la empresa en donde te encuentres laborando. Además, como ya mencionamos todo lo relacionado con lo tecnológico se encuentra en un constante avance, es por ello que siempre tendrás nuevas tareas en las cuales enfocarte.

Obtener ingresos extras por medio del marketing digital es algo que muchos individuos desean realizar actualmente, pero, no cualquier es capaz de conseguirlo. Debido a que se requiere dedicación, capacitación y aprender de la experiencia con el tiempo. Así mismo, repetir buenas prácticas de otros compañeros o comparar tu trabajo cada cierto periodo, te permitirá crecer como profesional.

De igual modo, los ingresos extras que obtengas por el marketing digital puedes invertirlo en otros negocios como pequeñas empresas en crecimiento o incluso, conocer personajes influyentes al trabajar en alguna personas, las oportunidades son muchas. El mundo tecnológico siempre tendrá puertas y tareas esperando por individuo motivados a realizarlas.

También, puedes expandir tu número de clientes dándote a conocer creando tus propias redes y ofreciendo tus servicios en el mundo digital. De esa manera, tus ingresos extras irán en gran aumento en muy poco tiempo.

LA VENTA DE GARAJE COMO UNA FORMA DE GANAR DINERO EXTRA

Cuando hablamos de la venta de garaje, muchos conocemos este tipo de términos, y seguramente lo has observado comúnmente en Estados Unidos y toda clase de viviendas que buscan vender todas las cosas usadas que poseen y ya no quieren mantener consigo, ya que eso es básicamente. Se usa por lo general cuando se realiza una mudanza, y se anuncia de forma local con avisos.

Es de mencionar que este tipo de ventas de garaje exhiben todos sus artículos en una vereda cercana o depósito del hogar, intentando así evitar que las personas se lleven cosas de forma malintencionada. Es una manera de **cómo ganar dinero extra** muy oportuna, ya que financia ideas de negocios, balancea las finanzas y es un modo de obtener fondos, a partir de elementos que ya no se usan y son obsoletos según el parecer del dueño.

Para poder realizar una venta de garaje efectiva, es necesario tener en cuenta diferentes elementos y características. Entre estas, podemos mencionar:

- Principalmente, se debe crear un inventario de una venta de garaje. Revisa cada una de las cajas que se encuentran en el hogar, eligiendo así los objetos que se venderán, y se separan de aquellas que se buscan eliminar por completo

  o Una manera de determinar si se debe eliminar completamente, es cuando no se usa durante 1 año, prendas que no se puedan vestir, y más.

Las personas compran casi todos los productos que se encuentran en la venta de garaje por lo que es una oportunidad única de ahorrar. Entre los más importantes son los artículos de cocina, herramientas, libros, juguetes y antigüedades. No se debe temer por vender, ya que no se pierde nada en ningún momento.

Por supuesto, al momento de llevar a cabo una venta de garaje es necesario verificar que toda la mercancía se encuentra lo suficientemente limpia y condiciones adecuadas, evitando algún tipo de daño (si se trata de productos rotos). Te sorprenderás ya que algunas personas compran productos dañados, por lo que podrías evaluar la opción de darlos de modo gratuito si no se observa alguna oportunidad de ganancia.

Una vez hayas seleccionado todo lo que quieras vender ¡es momento de registrarlo! Has una lista de productos que se centre en todos los artículos. Esto te permite tener un mayor manejo del stock, e incluso la capacidad de clasificarlo según un grupo específico o característica en especial. Asegúrate de incorporar el precio del objeto en el inventario, lo que permitirá llevar un registro de dinero extra obtenido.

Asimismo, este tipo de inventarios es fundamental ya que permite registrar los objetos y evitar robos, paralelamente a una mejor tabulación de la mercancía. Es un modo sistemático de obtener dinero extra, y que no muestra pérdida alguna en lo que respecta a sus resultados.

Los precios y la importancia de estos al buscar cómo ganar dinero extra

Este es un elemento fundamental ya que se trata meramente del dinero extra que adquirirás. Es de saber que no todos te darán un gran poder adquisitivo, ya que algunos según su estado deben venderse a unos precios de oferta.

Dentro de todas las recomendaciones, es de mencionar que los precios no deben ser fijos, y son tan variables como tu criterio lo indique. Todo depende del nivel de demanda y la cantidad de asistentes que se encuentran en la venta de garaje, y es una manera inteligente de aumentar los beneficios que obtendrás con una pieza vendida.

Asimismo, los precios bajos se encuentran destinados a aquellos que se encuentran muy viejos, deteriorados o no tienen una utilidad aparente, aunque son muchas las personas las atraídas por dicho tipo de artículo. Los más valiosos tienen un contraste ya que se sugiere presupuestarse a un cuarto (1/4) del valor inicial.

Tomando en cuenta que ganar dinero extra es la finalidad de la venta de garaje, es posible regatear. Incluso las ofertas por parte de los compradores es una excelente idea, y deberás tomar una valorización específica de todos los artículos, con el fin de aprovechar apropiadamente el dinero y los recursos a vender.

Los que se encuentran casi nuevos, son muy valiosos por su antigüedad o de colección pueden tener un costo presupuestario mayor. Todo esto se toma en cuenta la momento de ganar dinero extra, y en la venta de garaje aún más, siendo el objetivo final deshacerse de cosas viejas.

Si está finalizando la venta de garaje y no observas algunos cambios en cuanto a tu inventario, puedes optar por colocar precios asequibles, pero que te permitirán ganar dinero. Esta es la mejor forma de alcanzar el éxito, al igual que abrir paso en tu domicilio y a nuevos ingresos.

El etiquetado y la promoción son fundamentales al momento de realizar las ventas de garaje para el dinero extra

¿Cómo se acumulan todos aquellos productos que se encuentran por unidades? Es muy sencillo. Júntalos en un cajón y coloca el precio por cada uno de ellos. Esto hace que el interés de las personas se despierte y observen el contenido, incluso podrías ganar dinero extra con ofertas al mayor de toda la caja.

Asimismo, se recomienda un etiquetado brillante que facilite a las personas hallar el precio de los productos, al igual que un ahorro de tiempo y esfuerzo al momento de realizar la venta de garaje. Esto te evitará responder constantemente preguntas sobre el costo y las confusiones que las presentaciones de los artículos podrían generar.

También es fundamental provocar que la venta de garaje sea lo más grande posible. Los que asisten a estos eventos se centran en que sean grandes, lo que hace necesario que sea uno de los más populares en toda la localidad. Atrae a compradores serios y especializados, con el fin de que llamen atención de peatones y sea una parada obligatoria a los vehículos que circulen cerca de tu domicilio o espacio de ventas.

¿Cómo se puede incrementar el tamaño de la venta de garaje? Pregúntale a vecinos, familiares, amigos y a cualquier otro individuo si tiene elementos que quiera vender y así contribuir a la venta de garaje. Toma en cuenta su inventario y verás como el repertorio de elementos se amplía a niveles exponenciales, atrayendo a un gran número de personas, y de dinero.

Asimismo, las ofertas de otras personas solo pueden ser modificadas su precio con el consentimiento del propietario. Es necesario manejarse bajo las reglas del sujeto que te entregue el artículo, siendo así una venta de garaje responsable y que dará dinero extra en grandes cantidades si se lleva a cabo de un modo oportuno.

ASEGURA EL ÉXITO DE LA VENTA DE GARAJE Y EL DINERO EXTRA CON ESTOS CONSEJOS

La finalidad de esta venta de garaje es que sea lo más lucrativa posible, si deseas que esto sea posible es necesario que se sigan recomendaciones específicas, las cuales serán bastante efectivas y oportunas si se aplican del modo adecuado en esta estrategia. Entre los más populares, podemos encontrar:

- Permite que las personas prueben artículos electrónicos. Asegúrate que la tienda de garaje tenga dentro de sus propiedades todos los elementos necesarios para probar la efectividad de un artículo y su funcionamiento, ya que esto permitirá que se lleve a cabo efectivamente la venta de un producto, dándote así alguna remuneración que seguramente estarás necesitando.

- Cuenta con el efectivo que necesites a la mano con el fin de tener una facilidad de cambio al momento de realizar cualquier clase de transacciones. Esto hace que sea más fácil la venta de los artículos, ya que ninguno podría excusarse de que no cuenta con la cantidad específica del artículo, ten monedas y billetes en tus bolsillos, ya que serán necesarios.

- Las ventas de garaje son usadas con el fin de ganar dinero extra, así que ¡saca inversión de todo lo que no te gusta o no volverás a utilizar! Evita que tu domicilio sea nuevamente un desorden, haciendo este tipo de actividades que en términos financieros ayudará mucho. Si aún quedaron artículos es posible realizar una segunda venta, igual que relevante que la anterior.

- Alíate. Ten en cuenta la oportunidad de que otras personas incluyan artículos a la venta de garaje, como hemos mencionado, y verás de este modo como la oferta se vuelve más tentadora, y son mayores los números de personas que se interesan en observar los artículos disponibles, sus precios y las oportunidades de ahorro que podrían presentarse.

- La ropa debe permanecer en el exterior, logrando así que se vea atractiva y las personas puedan medírsela asegurándose de que les quede. Los zapatos se posicionan en el exterior, separados en pares y en órdenes determinados.

- Es de reconocer que se debe contar con unas horas establecidas en la venta de garaje. Al mediodía ya los grados de calor son muy fuertes, por lo que es necesario iniciar temprano y tratar de vender lo máximo antes de que el sol se encuentre a gran exposición.

- Se recomienda que las ventas de garaje se lleven a cabo los sábados y domingos. Verifica igualmente que no existan eventos especiales o unos juegos deportivos, que puedan desviar la atención de la venta de garaje al igual que todos los interesados en ella.

- Anunciar la venta por internet es uno de los consejos más importantes y recomendados que se pueden aplicar en la actualidad. Las redes sociales son un medio que se encuentra en auge, por lo que su uso se ha incorporado incluso en la venta de artículos de todo tipo, solo necesitarás dejar detalles sobre el ejemplar, fotografías y datos de contacto, y verás que en cuestión de tiempo habrán interesados en la adquisición.

No tengas miedo de realizar una venta de garaje. Es un modo oportuno de ganar dinero extra, y ha sido un medio de ingreso bastante efectivo cuando se requiere. Toma en cuenta esta oportunidad y verás lo excelente que serán los resultados.

VUELVE TU VENTA DE GARAJE OMNIPRESENTE AL POSTEARLA EN LAS REDES

¡Hoy en día las plataformas virtuales lo son todo! Por ello, las ventas de garaje se han vuelto mucho más efectivas cuando están correctamente posicionadas y ¿Cómo se hace ello? haciendo uso de internet, las redes sociales y cualquier otro espacio en el que la venta de los productos y servicios se hace posible.

Entre estos, uno de los espacios más populares que podemos encontrar es Facebook. Es una plataforma social en la que millones de personas pasan tiempo de ocio, y en donde se encuentran oportunidades de negocios, compra y ventas de productos y servicios.

En este caso, **Facebook Marketplace y los grupos de ventas** son una oportunidad única de generar la forma de ganar dinero extra. Esto hará que puedas ofrecer los productos de tu venta de garaje, e incluso apartarlos una vez clientes hayan mostrado el deseo y establecido un costo por el artículo.

Podrás subir fotografías de todo lo disponible y realizar una venta de garaje en línea. Luego establecer la fecha, hora y lugar en el cual retirar el artículo, y listo. Podrás realizar nuevamente este tipo de dinámicas cada vez que sea necesario, incluso luego de realizar dicho evento de forma presencial.

Ganar dinero con Youtube es una gran opción

Una de las mejores formas de conseguir ingresos extras es buscar alternativas que puedas elaborar desde la comodidad de tu hogar y, al mismo tiempo, puedan apasionarte, de ese modo no sentirás que te estás obligando a ejecutar la labor. Una alternativa sumamente utilizada hoy en día es realizar videos para Youtube, ya que permiten crear una comunidad, conversar sobre cualquier tema y por supuesto, aumentara el número de tu cuenta bancaria.

El crear videos para Youtube es algo muy común hoy en día, especialmente entre los jóvenes, debido a que esta plataforma permite subir contenido sobre casi cualquier tema y además, podrás encontrar personas que se interesen por esos mismos tópicos que tú. Al mismo tiempo, esa página es conocida por ser una de las más grandes y exitosas compañías del mundo, por lo cual necesitan trabajadores y es allí donde tú puedes hallar un ingreso extra.

Porque si, cuando tú decides realizar videos para Youtube básicamente te conviertes en un empleado de dicho empresa, pero no deberás acudir a sus oficinas o tener un horario establecido por ellos, sino que tu controlaras todos esos aspectos que ya mencionamos. Cualquier individuo que desee comenzar en este mundo tecnológico simplemente necesita artefactos que le permiten grabar sus experiencias, entrevistas, preparaciones, tutoriales, entre muchos otros.

Como mencionamos, dentro de la plataforma puedes elaborar material audiovisual sobre cualquier tema que sea de tu interés, los más populares suelen ser: viajes, cocina y entrevistas de humor. Pero, es necesario que si deseas involucrarte en este mundo, seas capaz de crear un contenido original y que te pueda representar, de esa manera, tu propia comunidad que irá en aumento progresivamente, lo cual podrás notar beneficioso para tus ingresos extras.

Ahora, te comentaremos algunas de las numerosas ventajas que podrás obtener si decides crear videos para Youtube. Recuerda que todo dependerá de tu disponibilidad y creatividad, por lo cual, los beneficios, ingresos y conocidos irán en aumento progresivamente sin que tú te des cuenta, simplemente necesitaras dedicación y constancia.

1. Videos, el contenido número 1 en la actualidad: las diversas estadísticas en todas las redes sociales, desde el año 2018 lo mayormente llamativo en el ámbito digital ha sido la creación de videos, sustituyendo a las simples fotografías. Esta plataforma es la segunda más utilizada del mundo, antecedida por Google, a la cual le pertenece. Este material tiene 50% de probabilidades superior a un blog de posicionarse en un motor de búsqueda.

2. Mayormente efectivo: estudios demuestran que las personas podemos recordar hasta el 50% de aquello que vemos y oímos pero simplemente el 10% de lo que leemos, lo cual ha permitido que este material se posicione por encima de los blog. Además, teniendo tantas opciones de videos, en Youtube serás posibles de demostrar tus habilidades cocinando, pintando, reparando algún objeto, entre muchas otras cosas.

3. Credibilidad: al desear comenzar con tu propio canal en Youtube o simplemente manejar el de alguna empresa, lo primordial en tu contenido será mostrar a personas o a ti mismo. Esta acción permitirá que los espectadores confíen en ti, en tus experiencias y opiniones o también, productos y servicios dependiendo del caso, algo que no es posible de lograr con un blog.

4. Poco costoso: todo esto dependerá del contenido que desees realizar y los instrumentos que poseas. Simplemente podrías utilizar tu

dispositivo móvil y una laptop para editarlos, aunque si lo que quieres es viajar y grabar experiencias al aire libre, seguramente necesitaras luces y un micrófono. Así mismo, la publicidad dentro de la plataforma podría costarte dinero, pero puedes difundirlo en tus redes sociales sin costo alguno.

5. Mejor posicionamiento: el posicionamiento en motores de búsqueda es algo fundamental hoy en día y, ente sentido, Youtube es la mejor plataforma para lograrlo. Siendo el segundo buscador más utilizado, si eres constante con tu contenido podrías darte a conocer en muy poco tiempo, cumpliendo con los deseo de tu audiencia por supuesto.

6. Diversión y flexibilidad: pudiendo tratar casi todos los tópicos, al dedicarte a crear contenido para esta plataforma nunca te aburrirás, debido a que serás tu propio jefe en cuanto al tema creativo y de dirección. De igual manera, establecerás tu horario, días en que subes videos, periodos de edición y cualquier otro aspecto necesario.

Estas son simplemente algunas de las numerosas ventajas que serás capaz de encontrar al crear contenido para Youtube. Sin embargo, otra de ellas es que podrás notar tus ingresos extras haciendo lo que te gusta, no deberás gastar tu esfuerzo y creatividad en nadie que no seas tú mismo y notarás lo bien que te hace sentir.

En esta plataforma serás capaz de crear una comunidad de seguidores, los cuales sentirán la misma pasión que tú por tú contenido y así, sentir motivación para continuar en dicha labor. Obtener ingresos extras con este medio podría tardar un tiempo pero, sin duda alguna sus beneficios valen todo el esfuerzo.

De igual forma, no te preocupes si al principio de tus labores te cuesta un poco obtener ideas para tu contenido, de eso hablaremos más adelante o si quizás tienes timidez ante la cámara, con el paso del tiempo podrás superar todos esos obstáculos y serás un profesional. También, algo que es de mucha ayuda es capacitarte en cuanto a oratoria o edición de videos, debido a que la calidad es muy relevante.

Dichos factores como la edición, luces, audio y demás, podrán ir mejorando con el paso del tiempo debido a que al igual que todo, es necesario aprender durante el proceso y de tus errores. Pero no debes dejar que eso te impida continuar, ya que la etapa más difícil es el inicio.

Si eres constante con tu material, sincero frente a la cámara y crear contenido llamativo para ti y tu comunidad, en poco tiempo el número de seguidores y de ingresos extras irá creciendo. Recuerda que solamente tú podrás definir el límite, ya que serás tu propio jefe.

Los contenidos más llamativos en Youtube

Luego de conocer las ventajas que trae consigo el realizar contenido para Youtube, es necesario que conozcas algunos de los principales temas que venden en dicha plataforma. Aunque, tu principal enfoque sea conseguir ingresos extras, con el paso del tiempo podrás ser capaz de crear una comunidad, interactuar con ellos y obtener mucho más y mayores beneficios fuera de lo económico.

Ahora, sin importar cuales sean los temas principalmente llamativos en Youtube, recuerda mantenerte original y autentico, ya que no hay nada que atraiga más al público que eso. De igual forma, siéntete seguro y cómodo con tu material, debido a que colocaste todo tu esfuerzo en él.

1. La primera categoría dentro de esta lista, son los vídeos con que se puedan identificar todos los usuarios. En ellos mayormente son tratados tópicos que llamen la atención de grandes públicos y se compartan en diversos países, por ejemplo pueden ser los deportes, política, cultura, entre muchos otros.

2. Seguidamente, los más populares son aquellos contenidos que tratan temas específicos. Aquí hallamos todo aquel material que contenga situaciones o tópicos precisos en un sitio geográfico, por ejemplo, alguna maratón en un estado de cierto país. También, es posible que contengan puntos culturales que atraigan la atención en general de extranjeros: económica, hospedaje, sitios turísticos, entre muchos otros.

3. Por último, encontramos aquellos videos que no dependen del idioma. Aunque muchos individuos los consideran complicados, no lo son. Entre ellos tenemos los vídeos de jugueterías, unboxing, tutoriales o también los fail.

Aunque están son las 3 categorías en las cuales se pueden organizar mayormente los tipos de videos, dentro de la misma plataforma podrás encontrar una serie de gráficas y estadísticas que te permitirán conocer tu avance, número de seguidores, países de donde te siguen, edades, genero, entre muchos otros. Esos datos te serán de mucha ayuda para poder identificar aquel contenido que debes crear.

Por ejemplo, al notar que tienen numerosas vistas de un país que no es el tuyo, podrías dedicarte a hablar sobre su cultura, interés dependiendo si son hombres o mujeres, inclusive plantearte visitar dicha zona. También, dentro de las estadísticas que ya te mencionamos serás capaz de conocer los mejores formatos que se adaptan a cada región y de esa manera, tu incremento de espectadores será mucho mayor.

Así mismo, todos los aspectos que hemos mencionado acerca otras regiones a la tuya pueden ser de gran interés si te encuentras en un país o región turística. Por ejemplo, hablar sobre las comidas que deben probar aquellos que visiten la zona, los precios de hospedajes, aviones y transporte público o incluso, tomar un tour en un sitio más visitado y crear contenido de él, de seguro llama la atención.

Generar ingresos extras con Youtube es algo sumamente sencillo, simplemente necesitas utilizar las herramientas que la misma plataforma te aporta y podrás elaborar una gran comunidad en muy poco tiempo. Además, utilizando tu entorno como inspiración de seguro llamas la atención de marcas con las cuales podrías crear acuerdos.

Promocionar marcas en Youtube

Como mencionamos anteriormente, cuando logras crear tu propia comunidad y hacerla interesarte en tu contenido, probablemente serás capaz de comenzar a publicitar marcas en Youtube, ya que tu público confiara en ti, tus opiniones y recomendaciones. Debes asegurarte de comprobar la funcionalidad y fiabilidad de cualquier empresa, debido a que de lo contrario, pondrías en riesgo tu reputación y podrías perder a tus espectadores.

Así mismo, previo a realizar dicha publicidad, es necesario que conozcas la marca y establezcas los términos y condiciones. Esto te ayudara en tus ingresos extras, pero debes ser cauteloso en el proceso.

Cuando se desea realizar una publicidad en Youtube es porque dicha marca te reconoce como un influencer, debido a que los espectadores confían en tu juicio. Pero, en estos casos no se trata de hablar con voz de comercial y cambiar el rumbo del contenido, sino todo lo contario, es vital que puedas introducir el producto o servicio en tu material rutinario, siendo así una simple recomendaciones.

Esto servirá para que el público no sienta precio por adquirir el producto o servicio. Además, si se hace de esa manera no perderán el interés en tu contenido. Así mismo, es vital que tengas presentas algunas claves en promocionar marcas en Youtube:

- Segmentación: teniendo relación con lo que hemos mencionado, es necesario que crees mensajes acorde a tu material y el entorno al que está enfocado, debido a que no cualquier publicidad funciona con todo el público. Así mismo, por medio de esto la marca logrará llegar a los individuos que realmente se sientan identificados con ella.

- Emociones: de las más nombradas recomendaciones y, el mismo atractivo de los videos en Youtube, es que se logran vender emociones y experiencias, siendo este el secreto de la plataforma. La publicidad común satura al espectador, por ello siempre se debe enfocar en una recomendación, dinámica y emocionante.

- Sinceridad: algo que ya hemos mencionado es la naturalidad frente a la cámara. Es que cuando estas promocionando una marca debes sentirte seguro de lo que haces, de lo contario, tus espectadores podrían no sentir una conexión y sería contraproducente. Transmitir fiabilidad, sintiéndote como un amigo o familiar de cada individuo del otro lado de la pantalla.

- Interacción continua: en él también es posible hallar comentarios negativos, muchos clientes (potenciales o reales) aprecian la oportunidad de conversar directamente con quien los llevo a la marca. Además, eso les permitirá entender los deseos de su público y en que enfocarse progresivamente.

- Interés compartido: pareciendo algo obvio, es necesario mencionarlo si eres nuevo en lo relacionado con el contenido de Youtube. Como hemos mencionado, este tipo de publicidad debe hacerse por medio de experiencias y conectar emociones, es por eso, que quien realice el video necesita conocer la empresa y sentirse apegado a sus productos, ya que de lo contario no podría funcionar. En ello interviene la seguridad y fiabilidad al espectador.

- Calidad: con esto nos referimos a que en ocasiones las marcas seleccionan aquel canal que tenga 5 millones de suscriptores, pero puede ser que en su caso, lo más apropiado sea uno de menor cantidad. Todo dependerá del tipo de público, ya que un enfoque compartido será la base de dicho convenio y su correcto funcionamiento.

Estas son únicamente las claves básicas para poder realizar publicidad en Youtube, es indispensable que te sientas cómodo con este trabajo, aunque simplemente sea un ingreso extra. Recuerda que con el tiempo esto podría traerte beneficios enorme, más allá de los económico a simple vista y por ello, debes dedicarle suficiente esfuerzo y dedicación.

El desarrollo web y sus ventajas como ingreso extra

Cuando queremos obtener un ingreso extra la mejor alternativa es buscar aquellas labores que podamos realizar desde nuestro hogar. En este sentido, mayormente las actividades disponibles son las enfocadas y dedicadas a el ámbito digital, especialmente lo relacionado con el desarrollo web.

Aunque leyendo el nombre podríamos entender bastante de lo que se refiere, es indispensable que conozcamos a profundidad dicha labor, ya que es una de las mejores pagadas en el mercado y podría ayudarte a lograr prontamente la meta que te planteaste. El desarrollo es conocido por ser la creación de páginas o sitios web, utilizando los diversos tecnológicos software e involucrando procesos de bases de datos.

Así mismo, aquel individuo que se dedica al desarrollo web podrá construir y mantener sitios en internet, aunque no muchos conozcan al autor de dichos dominios. Ellos son los encargados de una apariencia impecable, el funcionamiento rápido y un desempeño que permitirá que el usuario tenga una agradable experiencia.

Como ya mencionamos, considerar dedicarte al desarrollo web de una forma de obtener un ingreso extra podría traerte grandes beneficios en el corto plazo. Es considerada de las mejores carreras y oficios, por lo cual, sus flujos monetarios son sumamente motivadores.

Aunque, si eres un aficionado en este mundo de la tecnología y no tienes los conocimientos académicos suficientes, en internet podrás hallar un montón de videos y sitios en línea que te permitirán adquirir las habilidades necesarias. Como hemos mencionado anteriormente, una de las mejores formas de asegurar tu dinero es que inviertas en ti mismo.

De igual forma, existen diferentes programas que poseen plantillas en la creación de páginas en línea. Siendo sencillas, rápidas, algunas incluso gratis, verdaderamente no tendrás exclusas para dedicarte a dicha labor. Con tu experiencia podrás ir mejorando y tus servicios y clientes irán en aumento.

Principalmente, los individuos que se dedican al desarrollo web deben tener presente sus lenguajes primordiales. Aunque suene extraño si no conoces mucho de esta labor, cada actividad dentro de un sitio web necesita uno diferente, por ello, son considerados los pilares en su ejecución.

Conociendo eso, podemos comenzar por el lenguaje o desarrollador Frontend, debido a que él se encarga de lo relacionado a composición, diseño e interactividad mediante la utilización de HTML, CCS y JavaScript. Para entenderlo mejor, a través de él se consigue todo lo que el usuario ve al entrar al sitio: menús desplegables, aspecto visual, textos, entre muchos otros.

Con Frontend, el creador será capaz de tomar una idea y volverla realidad. Por medio de una serie de programas que logran dar estructura, forma e interactividad a cada uno de los elementos que se desean: botones, anuncios, imágenes.

Por otro lado, encontramos el lenguaje o desarrollador Backend, siendo enfocado en todos aquellos elementos que no se pueden observar, pero son necesarios, como el almacenamiento de datos. Este se encarga de que el servidor, aplicación y base de contenido funcionen de la forma deseada por medio de programas de computación.

Sin el desarrollador Backend no es posible tener Frontend, debido a que este agrupa todos los datos necesarios. Además, dicho lenguaje funciona en analizar lo que necesita la empresa y permite conocer las posibles soluciones. Para lograr lo que hemos mencionado utiliza otros lenguajes como PHP, Ruby, Python y Java.

Conociendo acerca de lo sé que trata el desarrollo web y sus principales aplicaciones, lenguajes de programaciones y demás acciones básicas, es indispensable tener conocimiento sobre porque esta labor es tan vital y el gran auge que tiene actualmente. Como ya mencionamos, es una de las actividades mejor pagadas y más solicitadas hoy en día, especialmente en el mundo empresarial.

En este sentido, el mundo empresarial necesita de un buen desarrollador web, debido a que por medio de dichos portales no solamente logran proporcionar sus productos, sino de igual modo, conocen lo que el público desea y así, sus ventas y agrada en general podrán aumentar. Es que las paginas en línea no simplemente son utilizadas para conseguir información u observar fotografías, también, funcionan en conectar a millones de individuos en cualquier parte del planeta y saber cuáles son los principales temas de interés y en lo que una compañía, sin importar su tamaño, debe enfocarse.

Además de eso, según los estudios el público de hoy en día se ha vuelto más exigente en cuanto a desarrollo web se trata. Con esto nos referimos a la apariencia general del sitio, la velocidad de funcionamiento, sus botones y menús, entre otras características. Con el avance sumamente veloz del mundo tecnológico, los individuos desean conseguir en igual rapidez lo que buscan pero también, que el entorno sea de calidad y llamativo en su sentido visual.

Es por ello que hace unos años, el desarrollo web se ha convertido en las labores mejor pagadas, debido a la exigencia en cuanto a diseño y calidad que solicita cualquier empresa. Conociendo esto, si usted busca un ingreso extra que pueda obtener cómodo desde su hogar y, al mismo tiempo, le otorgue un flujo monetario adecuado y veloz, esta es una de sus mejores alternativas.

También, hay compañías que no conocen las ventajas y funcionalidad que hemos mencionado sobre el desarrollo web, allí tu podrías encontrar una oportunidad increíble. Siempre existen pequeñas o medianas empresas que aún no se han adentrado a este mundo, por lo cual, serían excelentes alternativas para comenzar tu negocio y ganar experiencia.

Una de las más notables ventajas del desarrollo web es que puedes realizar desde cualquier lugar del mundo, por lo cual, podrías llegar a tener clientes extranjeros o inclusive, irte de viaje y continuar con tus actividades sin ningún problemas. Las oportunidades al dedicarte a esto pueden ser muchísimas que solo serán limitadas por ti mismo.

Más allá de lo que hemos mencionado, es indispensable que sepas algunas razones sobre por qué volverte desarrollador web. De esa manera, no tendrás ninguna duda que dicha labor es una de las mejores para ti y, podrás notarlo en el número de tu cuenta bancaria.

Razones por las cuales debes convertirte en un desarrollador web

Una de las principales ventajas del desarrollo web como forma de obtener un ingreso extra, es que estarás seguro que tu trabajo no desaparecerá pronto. Con eso nos referimos a que actualmente los mayores avances tecnológicos hacen obsoletos a los trabajadores, un claro ejemplo de ello es la industrialización en todo el mundo, inclusive en la toma de pedido de las grandes cadenas de comida rápida. Pero esto no ocurrirá con el diseño de sitios en línea, de hecho, según la oficina de estadísticas laborales de USA establece un crecimiento del 24% hasta el año 2024.

Además de eso, el desarrollo web es una labor que te permite crecer como individuo y profesional, ya que con el paso del tiempo tu experiencia irá en aumento y podrás tener conocimiento acerca lo que el público desea, las tendencias actuales y demás elementos si en algún momento quieren emprender tu negocio. Inclusive, dependiendo de tu liderazgo, un día podrías ser capaz de poseer una empresa sobre el diseño de sitios en línea, con diversos individuos bajo tu cargo y por supuesto, tu cuenta bancaría se verá muy beneficiada.

Ahora, conoceremos las principales ventajas que trae consigo dedicarse al desarrollo web. Recuerda que puedes encontrar muchas más una vez que comiences en ello, debido a que cada experiencia en distinta y tus labores te permitirán ir expandiendo tu horizonte, aumentando tus servicios y tamaño de las empresas que buscan tus habilidades.

- Trabajar de manera remota: uno de los más grandes atractivos es que podrías estar en cualquier edificio o sitio geográfico e incluso así serás capaz de cumplir tus laborales. Además, sería grandioso irte de viaje sin preocuparte por tu trabajo, debido a que puedes conectarte y consultar un código o duda.
- Trabajar de manera independiente: al buscar un ingreso extra esto es lo que mayormente deseamos, debido a que ser nuestro propio jefe nos proporcionara un mayor flujo monetario. Al dedicarte al desarrollo web, serás capaz de utilizar tu tiempo libre de forma productiva.
- Aplicaciones y sitios web: conociendo la definición de desarrollo web, entenderemos que progresivamente seremos capaces de diseñar aplicaciones o páginas web sumamente detalladas, con botones, menús desplegables o imágenes que rotan. Todo esto dependerá de la

experiencia que vayamos obteniendo durante el tiempo que le dediquemos a dicha labor.

- No tiene un gran costo: algo muy beneficioso si lo que deseas es obtener un ingreso extra. El desarrollo web no requiere grandes aparatos, ya que con una computadora y una buena conexión a internet, podrías ser capaz de llevar a cabo las tareas. Recuerda que muchos programas, plantillas y aplicaciones son gratuitas en línea.
- Entrada a la industria tecnológica: muchos que comienzan en el desarrollo web tiene grandes aspiraciones en este mundo y por supuesto, con el tiempo son posibles. Todo dependerá del esfuerzo que inviertas en mejorar tus conocimientos y habilidades, así, tus clientes cada vez serán de mayor magnitud.
- Vender tu trabajo: pudiendo trabajar directamente con una empresa o cliente específico, también serás capaz de diseñar sitios en línea o aplicaciones y guardarlas para ti. Posteriormente, en el mercado encontrarás una oferta y obtener un gran dinero por ello, siendo otra forma de ingreso extra.

Estas son simplemente algunas de las numerosas ventajas que encontraras cuando e dediques al desarrollo web. Así mismo, una de las más notables que podrás mejorar en otras áreas que pueden servirte en distintos negocios como por ejemplo el marketing digital, la planificación de contenido e incluso, el retoque de imágenes.

Por consiguiente, es vital que conozcas lo relevante de crear tu propio portafolio, esto le facilitará a tus clientes conocer cuáles son tus capacidades y así, podrás ir creciendo y obteniendo más experiencia. También, le permitirá al futuro cliente obtener credibilidad sobre tus conocimientos y entender que sus deseos estarán en buenas manos.

Otros de los puntos a tener en consideración al crear tu propio portafolio es que tus clientes potenciales podrán estar informados, con esto nos referimos a que serás capaz de actualizarlo mediantes tus conocimientos y habilidades aumenten. Además, tus trabajos previos estarán siempre accesibles para ellos, permitiéndoles obtener ideas sobre lo que desean.

Con lo que hemos hablado, no tendrás ninguna duda de si el desarrollo web es un ingreso extra adecuado, ya que podrás encontrar muchas ventajas, más de las que se han mencionado. Así mismo, cuando comiences dentro del mundo tecnológico serás capaz de descubrir otras áreas en las cuales podrías desarrollarte y aumentar tu flujo monetario.

Simplemente necesitas atreverte a ocupar tu tiempo libre de manera adecuada y así, tu flujo monetario se verá beneficiado de forma inmediata. Recuerda que el desarrollo web tiene una gran demanda actualmente y en los próximos años se estima lo mismo.

De igual manera, te presentamos algunos primeros pasos que debes realizar con el fin de tener un inicio adecuado dentro del desarrollo web:

- Consultar aplicaciones, plantillas, programas en línea gratuitos: existe una gran variedad de los mismos que puedes utilizar sin tener conocimientos profundos
- Investigar ofertas de empleos en línea o incluso, pequeñas empresas en tu entorno: lo más recomendable es iniciar con simples tareas y así, iras obteniendo experiencia y conocimientos con el tiempo. Recuerda que debes ser realista con tus habilidades y herramientas que tengas a la mano.
- Crear tu propio portafolio: podrás observar tus avances y encontraras clientes de una forma más rápida y segura

Con lo que hemos mencionado, estarás completamente preparado para iniciarte en el mundo del desarrollo web. Recuerda que probablemente al principio el trabajo sea un poco complicado, pero con esfuerzo y dedicación podrás aprender de forma veloz.

Así mismo, no tengas miedo a emprender cosas nuevas y expandir tus horizontes del mundo tecnológico. El desarrollo web te permitirá lograr el flujo monetario necesario para obtener la meta u objetivo que te has planteado y deseas desde hace tiempo, además, de servirte en mejorar tu estilo de vida.

Invierte todo lo que sepas de uñas y aprende como ganar dinero extra con ello

Además de todas estas formas de ganar dinero, existen otros medios en los que la creatividad y el diseño son la clave del éxito. Si piensas que cuentas con increíbles habilidades de pintura y buen gusto, la pedicura puede ser un modo de realizarlo, al igual que la manicura.

Este tipo de profesión podría cambiarte la vida completamente. No muchas personas prestan atención a estos oficios, pero si se llevan a cabo efectivamente podrás observar que te dejan una muy buena ganancia. Dependerá netamente del compromiso, la capacitación y por supuesto, la creatividad invertida y verás increíbles resultados en tu resumen bancario.

Empezar desde cero, en cualquier oficio es un poco tedioso, pero cuando se tienen nociones básicas o una idea acerca de las opciones a realizar, lograrás tener excelentes resultados. La relación con cada una de las acciones contigo es estrecha, puesto que dependerá de tu nivel de compromiso y ganas de progresar.

¡Debes sentirte atraído o gustoso de lo que haces! Es uno de los elementos más importantes a considerar al momento de buscar opciones que te brinden dinero extra. Realizar lo que amas es una manera infalible de obtener ingresos, y te divertirás enormemente.

A continuación verás lo fácil que es ganar dinero extra además de la manicura y la pedicura. Este tipo de negocios es muy rentable, y al estar enfocado principalmente en mujeres (destacando que existen hombres que acuden a sitios de belleza para mejorar sus manos y pies), podrías conseguir ingresos adicionales y divertirte un montón.

Consejos básicos que permitirán ganar dinero extra en la manicura y pedicura

Si deseas tener éxito en este tipo de negocios, es necesario que encuentres algún detalle o factor especial que te diferencie de todos los demás en el mercado. No es posible ingresar a un mercado en el que los competidores son muchos y muy reñidos, lo que hace necesario hallar resultados diferentes cuando acudan a tus sesiones.

¿Cómo buscar un modo infalible de lograr el éxito? Una manera muy oportuna de lograrlo es ser muy curioso y alimentar los saberes. Esto se logra estando atento a las novedades de este tipo de negocios, además de investigar y observar las tendencias de lo que se está colocando actualmente, además de los gustos de las personas y muchas incorporaciones que se añadirán en el negocio.

Unas ideas que podrían marcar la diferencia en el oficio y ser parte de los servicios que brindan dinero extra pueden ser exfoliaciones, masajes o cualquier otro tipo de acción innovadora, que haga fieles a todos tus clientes y seas recomendado a numerosas personas que se hallan en la localidad. Podrías intentar cualquier cosa y conservar lo que muestre algún tipo de resultado.

Las cosas más simples son las que dan los mejores frutos. Piensa detenidamente lo que intentarás y espera determinado tiempo para intentar algo nuevo. De esta forma verás lo que podría funcionar, y lo que no.

Como todos los oficios en la vida, la organización y las metas son fundamentales. Organiza todas las estrategias de tu oficio hará que llegues muy lejos y tengas oportunidades únicas, ya que podrías ir culminando fases que se volverán determinantes en la búsqueda de dinero extra.

Una vez tengas metas y un nivel de organización bien definido, podrías comprender el tamaño del negocio al igual que los resultados apreciables y reales. Con este método es mucho más sencillo elegir las acciones que se deben mejorar y los procesos a ejecutar en el aumento de la facturación.

Del mismo modo, un oficio organizado te permitirá observar la situación actual y la manera de mejorar el desempeño laboral a corto, mediano y largo plazo. Es de recordar que las metas se necesitan ser reales, y que tú tengas el poder de alcanzarlas con el fin de motivarte e impulsarte a ser siempre mejor.

Como ganar dinero extra con la capacitación en manicure y pedicure

Si esperas de algún modo tener mucho dinero a partir de un oficio, es de vital importancia capacitarse y obtener conocimientos teóricos y prácticos acerca de la actividad, ya que de este modo obtendrás una gran cantidad de clientes (luego de observar que eres profesional), al igual que oportunidades de compartir tu aprendizaje y ganando ingresos con ello.

Aprovecha al máximo cada curso y capacitación que posea. Este le da toda la base de conocimientos y estructuras necesarias para desempeñar el trabajo de un modo oportuno, algunos son en línea y otros presenciales, por lo que puedes optar al que se adapte a tus circunstancias, logrando así aprovechar la experiencia en cualquier presentación.

Este tipo de cursos te dan una manera única y efectiva de seguir tu libertad. Esto hace que puedas establecerte un cronograma diario para realizar otras labores y practicar, y si se trata de un taller online, lo podrás realizar cuando quieras y tengas la oportunidad y el deseo de aprender.

Dentro de los temas comunes que aparecen en un taller de capacitación de uñas, podrás encontrar los siguientes:

1. Uñas decoradas para niños
2. Tipos de decoraciones muy diversos para uñas
3. Sello de decorar las uñas
4. Uñas postizas, su aplicación y cuidados.
5. Tipos de franceses en muchas formas de realizarlos
6. Preparación de las uñas al esmalte
7. Estrategias y consejos que permitirán ganar dinero extra de un modo oportuno y profesional, más allá de algunas ideas básicas que en el inicio son oportunas.

Luego de tener todas las nociones en cuenta, es momento de que compres todos los equipos necesarios para trabajar de un modo profesional. Esto se considera una reinversión, ya que usas dinero en un modo eficaz de aumentar las competencias y servicios a las personas.

Los materiales correctos son fundamentales, y es un punto que se evalúa con el fin de influir directamente en los resultados de pedicura y manicura. Dentro de estos se hallan:

- Alicate de uñas.
- Cajas de algodón.
- Lijadas de manos y pies.
- Palillos de dientes.
- Esmaltes.
- Envolvedor de ropa.

- Espátulas.
- Guantes estériles.
- Separador de dedos.
- Autoclave para esterilización.

Todos estos son muy prácticos y te permitirán crear un salón de manicura si tu ingreso extra es lo suficientemente oportuno, y también al trabajar a domicilio. Es probable que también se necesiten muebles y equipos, pero son elementos decorativos que se obtienen con mayor versatilidad que los instrumentos.

Una vez cuentes con los conocimientos y el equipo necesario para aplicar la manicura y pedicura de un modo profesional, ha llegado el momento de divulgar el trabajo y tus habilidades. Diles a todos a que te dedicas, lo que puedes realizar de un modo excepcional y la formad e aplicarlo, y verás así el poder de alcance que posees al momento de llamar nuevos clientes que apuesten por tu desempeño.

Divulgar tu proyecto es un modo básico de obtener el éxito, inicia con tus conocidos y luego has que ellos hablen con sus amigos y familiares. También tomar en cuenta los medios sociales y las telecomunicaciones es esencial, ya que es donde se encuentran las mayorías de las propuestas y llamados de atención a los nuevos negocios y oficios que están surgiendo. Verás que con el paso del tiempo al menos tendrás 1 cliente interesado en tus arreglos.

De este modo, siempre tendrás la oportunidad de captar nuevos clientes y realizar acciones de publicidad que maximicen tu nivel de alcance. Incluso con el paso del tiempo puedas modificar algunas promociones y relanzarlas, teniendo así siempre un elemento atractivo en Internet que añada profesionalismo y retroalimentación con la comunidad digital.

Una manera de **como ganar dinero extra** muy oportuna, es el servicio a domicilio. Acudir a la residencia de un individuo es bastante beneficioso, ya que son muchas las personas que no tienen el tiempo suficiente para arreglarse ellos mismos, lo que hace necesaria el apoyo de un profesional como tú.

Podrás resolver este tipo de problemas e incluso promocionarte a medida que cumples los servicios. Los vecinos e incluso los familiares que se encuentran con el cliente se terminarán interesando por tus diseños, lo que permitirá que sigas siendo divulgada y reconocido como todo un experto en el arte del manicure y pedicure.

Nunca olvides que el trabajo duro es fundamental si se busca obtener dinero extra, por lo que deberás colocar tu máximo esfuerzo y talento en cada uno de los diseños con el fin de mejorar tus ingresos y lograr esa libertad financiera que todos nos encontramos deseando. Verás los resultados y te sentirás satisfecho con ellos.

Cuidados básicos a la atención al cliente que garantizarán ganar dinero extra y reconocimiento

La manicure y pedicure es un oficio que se centra en el individuo y su belleza, por lo que es necesario tomar en cuenta algunos elementos o aspectos del Ser que ayudarán a que se sienta cómodo y seas su principal opción al momento de buscar quien mejore el estado de sus uñas. Un hecho fundamental es tratar al sujeto como esperas que te traten a ti, pensando en el bienestar de él.

Asimismo, debes ser puntual y organizado en todos los aspectos. Asiste de manera puntual a todas las citas que has agendado, incluso si es posible algunos minutos previos. Esto habla muy bien de cualquier individuo y puede lograr que seas promocionado por tu nivel de responsabilidad y atención.

De igual manera, enfoca la creatividad al momento de decorar las uñas. Intenta practicar con las tuyas o con unas postizas que se encuentran sobrantes. El arte que hagas podría eclipsar cualquier vacante, y te solicitarán en todos lados por tu increíble talento y excelencia al momento de trabajar.

Usa apropiadamente tus utensilios. Asegúrate que se encuentren esterilizados y mantenlos limpios antes y después de todo cliente. Pensar en la salud de los usuarios es fundamental, y esto es un factor determinante al momento de que busquen un servicio de manicure o pedicure.

Es también esencial mencionar que muchas chicas aprovechan el momento de la manicure y pedicure para hablar sobre sus problemas, sus vidas, anécdotas o cualquier otro tema que se les ocurra, ya que es considerable el tiempo que se permanece allí si es necesario un cambio total. Todo cliente se siente cómodo y seguro cuando cuenta con un buen oyente, educado y respetuoso, por lo que saber crear un ambiente agradable te hará obtener dinero extra de forma inmediata.

Luego de saber todos estos elementos, podrás observar que en cuestión de tiempo tendrás una agenda llena de citas muy divertidas, y la oportunidad de tener libertad financiera, tanto como lo has deseado. Obtener dinero extra se centra en innovar y ser creativo, intentarlo nunca está de más.

Conoce por que crear un blog será beneficioso para ti y tu flujo monetario

Dentro de las opciones más usadas para conseguir un ingreso extra, la creación de un blog es una de las comunes. Debido a que dicha alternativa es sumamente sencilla y puede ser referida a cualquiera de tus temas de interés, verdaderamente no tendrás probable con el contenido y en muy poco tiempo, encentraras una audiencia acorde a tu material.

Pero antes de pensar conseguir un ingreso extra con esta herramienta, es necesario que conozcas a profundidad sobre que trata. De esa manera, podrás conocer los diversos tipos que existen, sus ventajas y por supuesto, familiarizarte con su estructura.

Actualmente, un blog es conocido por ser un sitio web en donde puedes ir subiendo o publicando contenido de forma regular. Dicha información se encuentra de manera de arterias, también conocidos como post. Todo material puede tratarse sobre lo que tu desees: viajes, comida, cultura, económica y un sinfín de temas.

Además, en un blog las publicaciones son ordenadas mediante la fecha o del mismo modo, podrías seleccionar una plantilla o ajuste especial para que tengas diversas categorías y así, expandir tu información. Algo muy común es redactar tus experiencias al visitar un lugar, pero también, publicar un artículo sobre la cultura del sitio, su comida o incluso la económica y estilo de vida.

Conociendo esto, tendrás un sentido básico y simple de lo que es un blog y progresivamente, te explicaremos como lograr conseguir un ingreso extra por medio de él. Pero, debes tener presente la diferente entre dicho concepto y lo que se llamado "vlog", siendo este una abreviación donde los vídeos conformarían las publicaciones y a su vez, lo que hemos mencionado de artículos, algunos consideran dicha alternativa más actual y llamativa, sin embargo dependerá de tus gustos.

Luego de esto, será necesario que conozcas los tipos de blogs más comunes actualmente, de esa manera, podrás inspirarte y obtener algunas ideas que te servirán para comenzar en todo el mundo tecnológico. Recuerda que puedes crear cualquier contenido que desees, los límites los colocarás tú mismo con tu imaginación.

- Blog personal: siendo los primeros que se crearon en la historia. Estos sirven para relatar alguna experiencia, rutina o estilo de vida del autor.

- Blog corporativo: estos surgieron con el avance de la tecnología y la mundialización de los negocios por medio del internet. Mayormente son utilizados para hablar sobre la marca o una empresa en específico, inclusive, son requeridos cuando se quiere conocer la opinión de la audiencia acerca un producto o servicio. Son sumamente útiles debido a que le permiten a la compañía ofrecer exactamente lo que el público se encuentra deseoso de obtener.

- Blog profesional: mayormente utilizados por trabajador independiente o dueños únicos de alguna empresa. Estos representa la marca personal del individuo y sirven en dar consejos, tips o incluso técnicas dentro de un ámbito empresarial. Son considerados muy esenciales porque también funcionan para llamar la atención de individuos deseosos de adquirir nuevos empleos.

- Blog temático: esos son los más comunes que podemos observar, debió a que son utilizados en referirse a los mayores temas de interés actualmente: cine, comida, cultura y viajes. Así mismos, muchos de estos son usados como forma de ingreso extra, que es un gran llamativo para cualquier, debido a que pueden realizar publicidad sobre algún servicio o producto que hayan conseguido durante la experiencia que se encuentran relatando. Recordemos que la mercadotecnia en estas herramientas es diferente, ya que se utilizan palabras en la creación de emociones autor-cliente y conseguir ventas o visitas, dependiendo de lo que se desee.

Los que hemos mencionado suelen ser los tipos de blogs más comunes actualmente, pero recuerda que solamente tu imaginación podrá limitar tus posibilidades. Además, por medio de esta herramienta serás capaz de conocer otros individuos quizás con mayor experiencia y podrías seguir sus consejos y expandir tus horizontes.

Un blog es increíblemente útil para colocar tus ideas, experiencias y opiniones, además, conectarte con más personas será algo sumamente gratificante. Por supuesto, la creación de este tipo de contenido tiene muchas otras razones, las cuales te mencionaremos a continuación y así no tengas ninguna duda.

- Podrás obtener dinero cuando duermes: el contenido dentro de una de esas herramientas se organiza por fecha de publicación, pero, según un estudio el 70% de tráfico que consiguen es debido a artículos anteriores de meses o incluso años. Por eso, es considerado una excelente opción de ingreso extra, ya que mientras estas de viaje u ocupándote de otra labor, conseguirás ingresos.
- Mejorarás tu escritura: existen personas que poseen este don desde su nacimiento. Pero, si te dedicas a redactar tus experiencias de forma rutinaria y con una buena organización, podrás ser capaz de hacerlo a la perfección.
- Generan confianza: los individuos que poseen negocios de forma independiente, ya sean auditores, reporteros, fotógrafos o demás, son capaces de ganar gran reconocimiento y certificaciones mediante esta herramienta. Las empresas visualizan el contenido y en pocos minutos pueden establecer si confían o no en el autor, lo cual, será beneficio en tu flujo monetario.
- No es necesario tener conocimientos previos: en línea puedes encontrar numerosas aplicaciones, programas o plantillas que te permitirán comenzar con dicha herramienta hoy mismo. También, con el paso del tiempo podrás agregar otras opciones como botones especiales, fotos que cambien y muchas más, toda dependerá de ti.
- Obtendrás libertad: refiriéndose tanto al tiempo como al flujo monetario. Utilizando dicha herramienta podrás dedicarte a ello en tus horas libres u hacerlo mediante un plan organizacional, sin afectar tus

otras ocupaciones o trabajos ya existentes, siendo algo que llama la atención de muchos individuos.

- No necesitas una oficina: con la libertad también viene la posibilidad de poder redactar las publicaciones cuando te encuentres en cualquier sitio. Puedes estar de viaje, en una oficina o en tu propia cama y serás capaz de cumplir con el material que necesites dentro de tu propio dominio, siendo algo increíble además del flujo monetario.

Estas son simplemente algunas de las numerosas razones por las que debes crear un blog. Además, podrás seguir conociéndolas y por supuesto, adquirir experiencia mediante tú tiempo desarrollando contenido en una de esas plataformas, ya que el límite solamente no estableces tú.

Por otro lado, muchos individuos al leer esto se sienten motivados e interesados en iniciar estos contenidos y así, obtener un ingreso extra que tanto necesita, ya que sus otras actividades no son suficientes. En este sentido, el cómo ganar dinero con un blog es la siguiente interrogante que debemos responder para que puedas comenzar con dicha aventura.

Conseguir dinero con un blog

Lo principal que debes de tener en cuenta si deseas conseguir un ingreso extra con un blog es que estas herramientas necesitas dedicación y constancia, ya que el proceso podría tarde un buen tiempo, todo dependerá de tu contenido y la regularidad con que publiques. No todas las experiencias son iguales, pero, en cuanto al flujo monetario de dichas plataformas se trata por lo general se necesita publicidad, afiliados, confianza y por supuesto, una comunidad fiel que comparta y apoye tu material.

Actualmente se crean una gran cantidad de blogs y la mayoría son abandonados, debido a que no hallan resultados en pocas semanas. Pero, queremos decirte que un ingreso extra con esta herramienta si es posible, solamente necesitaras ser constante y autentico con tu público. Al momento en que hayas creado tu comunidad, serás capaz de optar por distintas publicidades.

Una de esas publicidades es la conocida CPC, o también coste por click. Como podemos deducir de su nombre simplemente podrás monetizar tu blog de forma rápida y sencilla. Cuando un usuario clickee alguno de tus anuncios, obtendrás ganancias. La mejor red en cuanto a dicha categoría es GoogleAdSense, tenlo en cuenta al compararla con la competencia.

Otro tipo de publicidad es la CPA, coste por acción y, aunque el porcentaje de usuarios que realizan todo el proceso es mucho menor, la comisión que obtienes será mayor a al anterior. Este modelo hace referencia a cuando un individuo cliquea un anuncio y es redirigido a una página, posteriormente, debe realizar algo: crearse una cuenta o rellenar una cuesta.

Por último, una publicidad menos común son los anuncios privados. Esto se consigue mediante el alquiler de espacio dentro de tu blog. Para ello es necesario contar con un flujo constante de visitas y por supuesto, si estas relacionado con el producto, servicio o marca, todo será mucho más sencillo y rápido.

Lo que hemos mencionado es la forma más sencilla y rápida de conseguir un ingreso extra mediante un blog. Pero, debes recordar que no puedes abandonar dicha plataforma en los primeros meses, debido a que no hallaras ningún resultado.

También, podrías expandir tus horizontes y dentro de tu blog ofrecer otros de tus servicios: marketing digital, diseño de logos o inclusive, algún producto propio. Las oportunidades en plataformas como están son realmente infinitas, simplemente debes ser constante y cuando tengas tu comunidad establecida, todo lo demás vendrá por sí solo.

Obtén dinero extra realizando maquillaje

Una manera de aumentar tus ingresos netos es a través del maquillaje.
Realizar este tipo de oficios a domicilio permitirá que puedas crecer de forma
autónoma, ganar dinero y además de eso ampliar tu repertorio de brochas y
pigmentos.

Es un trabajo muy fácil de desarrollar y de explotar, ya que el maquillaje es
usado por chicas de todas las edades, e incluso hombres, ya que en la
actualidad los chicos también cubren sus imperfecciones de un modo
diferente, pero idéntico en su principio básico. Se vuelve una oportunidad
muy rentable de la que podrías sacar mucho provecho si te lo propones de un
modo inteligente.

Primero, es necesario capacitarse en maquillaje. Esto lo puedes realizar a
través de profesionales, talleres o simplemente observando tutoriales de
Youtube, con unas cuantas prácticas verás lo increíble y fácil que es aprender
a maquillar, y esto en el rostro de otras personas además de experiencia, te
brindará un nuevo ingreso.

Una vez tengas la suficiente confianza y habilidad para maquillar, es momento
de realizar branding, o dicho en otras palabras, volverte una marca. Esto es

posible además de infografías, algunos videos en los que aparezcas, o simplemente realizando maquillajes a amigos, conocidos y familiares. La efectividad de tu trabajo es apreciable a simple vista, y el impacto podría serte de gran ayuda al ser recomendada por todos ellos.

Una ventaja de este tipo de oficios es que es completamente libre y flexible. No dependerás de jefes, tiempos que organizar u otros individuos, ya que solo tú y tus habilidades son lo que se requiere para empezar a obtener dinero extra. Esto es un aspecto bastante interesante y que con mucho trabajo y dedicación te permitirá recibir sueldos completos o incluso más, si se alcanza el éxito efectivamente.

La demanda del maquillaje se encuentra en todo tipo de mercados y situaciones, desde una chica que irá a una cita a ciegas, hasta eventos y filmaciones, por lo que el campo laboral es demasiado amplio, y el desarrollo de estos rubros son muy bien pagados. Por ello el impacto inicial y la promoción propia es crítica, ya que a partir de ella podrás crecer en escala hacia las más demandadas ocasiones.

Aspectos que hacen el dinero extra del maquillaje una oferta interesante

Es de reconocer que el maquillaje es un ámbito que siempre se encuentra en crecimiento. Miles de marcas todos los días sacan al mercado nuevos productos, con todo tipo de tonalidades e incorporaciones para la piel, al igual que complementos y otros elementos que forman parte de lo último en la moda y el estilo, por lo que se podría considerar un oficio infinito, y que siempre requiere estar a la vanguardia al momento de buscar el éxito a través de él.

Este tipo de profesión requiere de diversión, creatividad y pasión por lo que se hace. Esto permitirá que siempre te encuentres actualizado con todas las tendencias que te utilicen y los estilos de maquillajes más populares al momento, ya que son esos los que se aplican en las fiestas, reuniones importantes, e incluso en la cotidianidad.

El estilismo se ha vuelto un tema de vital importancia en la cotidianidad, y se puede explotar con mucha fuerza una vez se aprende a trabajar con la piel de cada individuo, su forma de rostro y todos los productos que se encuentran a disposición tuya en un momento determinado. Con el tiempo potenciarás la creatividad de forma inimaginable, logrando obras de arte que querrán ser inmortalizadas.

Asimismo, el dinero extra con el maquillaje es bastante práctico, puesto que te permitirá obtener ingresos a medida que aprendes sobre tu propio e ingenio y habilidades con diversos estilos de maquillaje. Esto también da la oportunidad de agendarte y poseer libertades propias, como reinvertir en nuevas capacitaciones o perfeccionar algún estilo de diseño, mientras tomas tiempo en realizar trabajos de forma simultánea.

Los cursos profesionales son un recurso muy valioso en la industria del maquillaje profesional. Esto te permitirá conocer consejos y trucos de todo tipo, que permiten potenciar la belleza de cada individuo y al mismo tiempo darte a ti mayor comodidad y destreza al momento de aplicar los diseños, perfeccionando aquellos aspectos en los que te desenvuelves bien y puliendo los desperfectos que como seres humanos solemos poseer.

Lo mejor de estos talleres es que podrás conocer otras personas en la industria y adquirir información sobre ellos. Las colaboraciones y la retroalimentación en este negocio es un recurso que no tiene precio, puesto que se dan nuevas oportunidades a medida que se abren círculos sociales, y las maneras de ganar dinero extra no dejarán de aparecer.

Con todos estos consejos, seguro habrás encontrado la mejor forma de ganar dinero extra y mejorar tus finanzas a través de él. Sigue cada detalle de cada oficio, y adopta el que más te guste a tu rutina ¡verás resultados maravillosos en cuestión de tiempo!

GANA DINERO EXTRA SIENDO UN ASISTENTE VIRTUAL IMPORTANTE

¡Ha llegado uno de los recursos de internet más importantes que podemos encontrar! Ser asistente virtual es una de las nuevas posibilidades que ha aparecido en las nuevas tecnologías, y tomar en cuenta esta labor en la búsqueda de ingresos adicionales te hará tener importantes ventajas a futuro, al considerar sus facilidades y beneficios, no cabe duda que es una idea que se debe intentar, y los resultados se observan en corto plazo.

Ser un asistente virtual da una solución muy versátil y de facilidades, ya que no hace falta estar capacitada o realizar inversiones al buscar clientes potenciales. Aquí conocerás acerca de un servicio que tiene amplia demanda y que crece con profesionales independientes, dándote así un camino libre que recorrer con el fin de obtener nuevos ingresos.

¿En qué consiste ser un asistente virtual? Trata de ser un individuo encargado de gestionar, organizar y llevar adelante las tareas administrativas generales con el fin de brindar soporte a actividades comerciales. Esto se puede lograr a cabo de forma remota, estableciendo una ubicación, incluso estableciendo si es una oficina, una casa o un espacio de coworking.

Para ello, es necesario que establezcas una relación con el cliente basándose en una buena red de internet, lo que hace esto un requisito que vale la pena al momento de desempeñar tareas. Realizas actividades generales, administrativas, creativas y técnicas en su mayoría. Es lo que se conoce ahora como los secretarios tradicionales, pero de un modo moderno e innovador.

El asistente virtual puede brindarte una gran cantidad de ventajas, como una jerarquización de posiciones, al igual que formar un núcleo de asociaciones dedicadas a este tema. Se ha vuelto un mercado muy grande y diverso, ya que podrás desarrollarte en múltiples ámbitos, ayudando a crecer a emprendedores independientes y negocios profesionales, todo de un modo virtual.

Las acciones de un secretario virtual incluyen:

- Trámites bancarios.
- Pago de servicios
- Gestión de clientes
- Manejo integral de agenda
- Administración de cuentas de correo electrónico.
- Organización de reuniones y eventos
- Administración y gestión de base de datos.

Como ser un asistente virtual oportuno y exitoso para ganar dinero extra

Para alcanzar ingresos adicionales, es de vital importancia centrarse en las tareas. Debes determinar las tareas que vas a incluir en tu oferta y aquellas en las que no participarás. Haz una lista detallada de todos tus servicios con descripciones y actividades, lo que te podrá servir como una inspiración, y al mismo tiempo como un estándar de costos.

De esta manera facilita el establecimiento de horarios y las jornadas de trabajo. Esto permite que se tengan límites y reglas autoimpuestas que garantizan el desempeño laboral exitoso y en buenos términos con el cliente.

¡Crea tu equipo de recursos! Ser un asistente virtual exitoso toma en cuenta algunos elementos importantes, entre ellos:

1. Conexión a internet estable
2. Membresías a sitios de trabajo en línea.
3. Ordenador de buen desempeño
4. Teléfono móvil
5. Espacio de trabajo que depende de las circunstancias
6. Herramientas que mejoran la administración de labor diarios. Incluyen desde aplicaciones hasta metodologías de trabajo, lo que lo vuelve oportuno.

También es necesario colocar las tarifas. Algunos servicios son pagados de forma determinada por el empleador en muchos casos, aunque también es recomendable evaluar los precios de tu trabajo evaluando si conviene o no. El presupuesto puede ser una herramienta a tu favor, lo que hace necesario definir tus tarifas horarias.

¿Cómo sacar un presupuesto? Esto se logra evaluando precios del mercado, al igual que horarios (fines de semana y nocturnos con costos adicionales), idioma a utilizar, años de experiencia y los costos de los recursos a emplear. Esto hará que cubras inversiones y ganes dinero que permita sostenerte sin complicaciones. Es un poco tedioso al inicio pero luego verás excelente provecho.

¡Ofrece tus servicios! Promociónate en redes sociales y páginas web para hacerte conocido. También es recomendable elegir directorios de trabajos, en el que existe una comunidad de empleadores que buscan ciertos perfiles en el que podrías adecuarte.

Entre estos, podrás encontrar:

1. Trabajo freelance
2. Soy FreeLancer
3. Workana.com
4. Malt
5. Fiverr
6. Twago

Con todo esto, no cabe duda que sea una oferta de trabajo independiente bastante interesante y podría ser la oportunidad de crecer empresarialmente y ganar ingresos adicionales. Con ello podrás manejar tus horarios y el flujo del trabajo, dándote la flexibilidad suficiente para ajustarte según los conocimientos, la experiencia y la relación con el cliente y la competencia.

Gana dinero adicional siendo un prestamista

En nuestra actualidad el invertir dinero en préstamos para otras personas es bastante rentable, y todo esto con la capacidad de protegerse con la seguridad de entidades que se dedican a este tipo de acciones, al igual que las compañías de créditos rápidos. A continuación verás la razón del porqué.

Cuando se poseen ciertos ahorros, las mentes empresarias siempre piensan en invertir el dinero adicional con el fin de obtener mucho más. Las formas de hacerlo son cada vez más nuevas y variadas, por lo que nunca se debe dejar de intentar.

Prestar dinero es una acción que desde la antigüedad se ha llevado a cabo. Hacerlo en casa y con empresas intermediarias ha sido una interesante ventaja que ha hecho que sea muy popular este método. Esto hace que puedas diversificar y practicar las inversiones en múltiples campos con bajos riesgos de pérdidas, dándote tranquilidad y un retorno seguro de tu dinero y un poco más.

Por eso, **ser prestamista** es una excelente oportunidad de ganar dinero adicional. También se encuentran las plataformas P2P que permiten estas acciones, teniendo entre estas:

1. Afluenta
2. Kubo Financiero
3. Street Shares

¿Cómo funcionan? Pues te permiten ser el prestamista que otorgue una parte o la totalidad de un préstamo a alguien que necesite de un crédito rápido en línea. Esto hará depender de ti si es largo plazo o con un pago único. Una ventaja de dichas plataformas es que cuentan con un panel lleno de datos que permiten valorar si es oportuna o no la transacción.

Son variados los tipos de préstamos y lo mejor de todo es que no se limitan a los créditos del país de origen, ya que se pueden aplicar en cualquier lugar del mundo. Una vez son concedidos los pagos, la entidad realiza estudio de las personas que lo piden, dándote así la seguridad de que tendrás tu dinero de vuelta con un adicional en intereses.

¿Qué ventajas hay de ser un prestamista? Existen varias. Una de estas es que son plataformas abiertas que permiten realizar créditos de cantidades de dinero muy diversas, haciendo que incluso los pequeños prestamistas obtengan beneficios positivos.

De igual forma, se tiene una intermediación de plataformas y entidades de crédito que garantizan el retorno del dinero, haciendo que sea muy fiable la transacción. Estos espacios son cumplidores de leyes, siendo ámbitos que cualquier prestamista quisiera satisfacer.

Teniendo esto en cuenta, es apreciable que los prestamistas se adaptan a cualquier bolsillo en cuanto a inversiones y se realiza todo desde casa. Es una oportunidad de obtener excelentes beneficios en poco tiempo, y sin ningún riesgo a perdida.

GANA DINERO INVIRTIENDO EN LA BOLSA DE VALORESN

Hoy en día, invertir en la bolsa de valores es una forma interesante de ganar dinero extra. Es un método de obtener ingresos adicionales que requiere de un estudio del mercado y la habilidad de los usuarios, lo que hace necesaria la paciencia, estudiar cómo actúa este mecanismo y el sistema de inversiones en línea.

Muchas personas obtienen un rendimiento en la bolsa de valores una vez saben cómo funciona, y hacen que se obtenga el máximo rendimiento en poco tiempo logrando un retorno del dinero invertido e incluso mucho más. Para ello es necesario estudiar y la constancia en el mercado, ya que la presencia atrae las ganancias.

¿Cómo se logran inversiones oportunas en la bolsa de valores? Tomando evaluaciones del mercado que permiten observar el punto en el que se hacen efectivas las transacciones de compra y venta de los activos de un modo rentable, además de elegir los momentos de ambas acciones, todo según los precios del momento y la habilidad de predicción. También se evalúa el tiempo de presencia, ya que los resultados efectivos no son inmediatos.

El mejor consejo se encuentra en empezar inversiones individuales y estudiar en mucho tiempo las compañías o empresas rentables. Esto hace que se puedan evaluar todas las acciones a futuro, y actuar de forma premeditada logrando un retorno de los ingresos, e incluso ganancias importantes en cuanto a dinero se refiere.

¿Qué ventajas se encuentran al **invertir en la bolsa de valores**? Entre estas, una de ellas son las barreras de entrada muy bajas. No se encuentran aportaciones mínimas, e incluso se dan oportunidades de invertir periodos de 25 euros o más. Hace que el riesgo se diversifique al promediar las aportaciones con el tiempo, reduciendo así el precio medio.

De igual forma, al **invertir en la bolsa de valores** se encuentra bastante información financiera de toda empresa y compañía, lo que hace más fácil evaluar la rentabilidad al comprar y vender acciones. Los balances y los objetivos a largo plazo pueden influir en las cotizaciones y ayudarte a tomar una decisión.

Asimismo, el invertir la bolsa de valores cuenta con la capacidad de diversificar activos. Te da acceso a todo tipo de productos financieros o no, dándote así la oportunidad de comprar acciones de toda clase de actividad, es un amplio mercado en el que cualquiera podría especializarse y así sacar provecho de cualquier situación.

Adicional a esto, existen las ventajas de liquidez. Es de considerar que la volatilidad es un elemento de importancia en la bolsa de valores, y al poder vender los fondos de inversión en cualquier momento y disponer de ese dinero inmediatamente es sumamente importante. Esto te dará una capacidad de respuesta eficaz, aunque el precio de cotización dependerá del momento.

Y finalmente, las acciones son unos medios de inversión de mayor rentabilidad a largo plazo. El uso de un broker hace uso de dividendos en cuentas a las que los accionistas paguen, definiendo dicho elemento como una rentabilidad que se asocia a las inversiones, todo dependiendo a la evolución de los negocios.

Tomar en cuenta todas estas características hace que se pueda tomar ingresos adicionales en cualquier momento, todo dependiendo de la habilidad y el poder de respuesta a todos los cambios volátiles del mercado. El control de las cotizaciones y el manejo de la presión, hará que puedas obtener dinero desde casa en poco tiempo y de un modo bastante divertido y profesional.